からだにやさしい
おきなわ島やさい

徳元佳代子・比嘉淳子　共著

沖縄の 島やさい

　沖縄県は亜熱帯に位置し、温帯の作物も熱帯の作物も栽培できる恵まれた環境にあります。とはいえ、夏の容赦ない太陽光線や襲ってくる台風など様々な厳しい気候にも見舞われます。

　一般に、野菜のよく育つ気温は18度と言われますが、沖縄県の年間平均気温は20度、夏の空から降り注ぐ紫外線に至っては、日本本土の平均紫外線量の3～4倍になります。作物にとっては過酷な環境とも言えるでしょう。

　しかし、沖縄の土壌は、琉球石灰岩由来の礫土が多いため、カルシウムやミネラルが豊富、また地域によっては、大昔の中国大陸の揚子江から海流によって運ばれ堆積した栄養豊かな土壌を形成している土地もあります。

　沖縄の環境にあった野菜で、昔から作られ伝統的に食べられてきた野菜を親しみを込めて「島野菜」と呼びます。その中でも下記の条件に適った28品目の野菜（野草）を「伝統的農産物」に指定し、その普及や研究がなされています。本書ではこれらの28の野菜を中心にとりあげます。

「島野菜」とは？

「島野菜」は戦前から地域で作られてきた伝統的な野菜のことをいい、沖縄県では「伝統的農産物」として次のように定義しています。

1、戦前から食されている
2、郷土料理に利用されている
3、沖縄の気候・風土に適合している

＊平成17年度伝統的農産物振興戦略策定調査事業より

島やさいの
おいしさに気づこう！

　派手な色や不思議な形の島野菜、熱帯魚のようだと驚かれるカラフルな魚たち、店先にドンと置かれた肉の塊。観光のお客様が沖縄の食材や料理に後ずさりする様子を見るにつけ、これらの魅力を教えてあげたいと常々思っていました。

　古来より「医食同源」思想が根付いている沖縄では、食べるものが血を作り、筋肉や骨を作り、体を形成する。自分だけでなく子々孫々まで命を繋いでいくと考え、様々な経験で得た体にいいものを意識的に取り入れてきました。住む土地で採れた自分にあった食事をとることが、かつて沖縄が長寿だった要因だったのかもしれません。かっこよく言えば「沖縄テロワール」です。

　四方を海に囲まれた沖縄の土壌はミネラルを豊富に含み、その土壌に深く根をはる植物は、強い日差しから植物自身の身を守るため高い抗酸化力を持っています。そう考えると、沖縄の派手な島野菜の色が宝石に見えてきませんか。

　この本では、扱いづらいと誤解されてきた沖縄島野菜の魅力を大解剖して、ウチナーンチュも意外と知らない島野菜の情報、目からウロコの食べ方を徹底紹介したいと思います。島野菜の驚くべきパワーに感動し、沖縄は丸ごと「命薬の島」だったことに誇りと自信を持つと確信しています。

　また、豆腐や野菜、肉、海藻を組み合わせるチャンプルーやンブシーなど、バランス良く栄養をとれる工夫が満載な伝統的な料理法がありますが、さらに島野菜をふんだんに使ったお洒落で簡単なイマドキレシピを掲載いたしました。これらのレシピはシニア野菜ソムリエとして島野菜の普及に尽力している徳元佳代子氏によるものです。また沖縄在住の作家による器や漆器の上でちょっぴり誇らしげに盛られる島野菜料理も見所です。

　どうぞ、台所の常備本としてご活用ください。

比嘉淳子

もくじ

沖縄の島やさい　2
島やさいのおいしさに気付こう　3
本書の使い方　6

沖縄の伝統的野菜 28　7

〈春〉

島らっきょう　8
《定》島らっきょうの塩漬け　9
島らっきょうの豚バラ肉巻き　10

島にんじん　11
セーファン風野菜のあんかけ茶漬け　12
島にんじんのリボンサラダ
　　ニンジンドレッシングで　13

ふだんそう/ンスナバー　14
ロールンスナバー　15
《定》ンスナバーンブシー　16

おおたにわたり　17
オオタニワタリの天ぷら　18
《定》オオタニワタリ炒め　18

にしよもぎ/ヨモギ/フーチバー　19
フーチーバーの五平もち　20
《定》ボロボロジューシー　20
フーチバー豆乳プリン　21

ういきょう/イーチョーバー　22
イーチョーバー風味のアクアパッツァ　23
イーチョバーのフィナンシェ　24

ほそばわだん/ニガナ/ンジャナ　25
ゴマ味噌ニガナ炒め　26
《定》ンジャナスーネー　26
ニガナのスクランブルエッグ　27

からしな/シマナー　28
カラシナと鶏肉の包み焼き　29
カラシナごはん　30
《定》チキナーチャンプル　30

水前寺菜/ハンダマ　31
ハンダマと新玉ねぎのドレッシング和え　32
ハンダマの寿司飯　32

ぼんたんぼうふう/長命草/サクナ　33
サクナの巾着揚げ　34
サクナの豚ロール　35

のびる　36
カマボコのノビル巻き　37
《定》かちゅーゆー　37
ノビルのチヂミ　38

■沖縄のフルーツⅠ　39

〈夏〉

にがうり/ゴーヤー　40
ゴーヤーのコロコロ炒め　41
わくわくゴーヤーボート　42

じゅうろくささげ/フーローマメ　43
フーローマメの信田巻き　44
フーローマメのぐるぐるオムレツ　45

野菜パパイヤ/パパヤー　46
パパイヤと島にんじんのサムタム　47
パパイヤの泡盛しょうゆ漬け　48
ミヌダル　48

しかくまめ/ウリズンマメ　49
シカクマメのサラダ　50
シカクマメのピリ辛炒め　51

八重山かずら/カンダバー　52
カンダバーの豆腐ハンバーグ　53
カンダバーとチキンのカレースープ　54

へちま/ナーベーラー 55
- ヘチマのカレーフライ 56
- ヘチマのネギ南蛮漬け 57
- 《定》ナーベーラーンブシー 57
- ゆでヘチマのさわやかジュレソース 58

赤毛瓜/モーウィ 59
- 豚肉のモーウィ巻きカレー風味 60
- モーウィのカラフル漬け 61

えんさい/空心菜/ウンチェバー 62
- エンサイとエリンギのソテー 63

かきちしゃ/チシャナバー 64
- チシャナバーとンスナバーのサラダ 65

冬瓜/シブイ 66
- シブイのコンポート 67
- シブイの島野菜あんかけスープ 68

■沖縄のフルーツⅡ 69

〈秋〜冬〉
島かぼちゃ 70
- 島かぼちゃのポタージュ 71
- 島かぼちゃのグラタン 72
- 島かぼちゃもち 73

島大根/デークニー 74
- ふろふき島大根 75
- 島大根と鶏肉の煮物 76
- チヂミ風大根もち 77

紅芋/ンム 78
- 紅イモのヘルシーチーズケーキ 79
- 紅イモの巾着豆乳仕立て 80

あきのわすれぐさ/クワンソウ 81
- クワンソウの花のお浸し 82
- クワンソウのタコライス 83

葉にんにく 84
- 葉にんにくの肉味噌 85
- 葉にんにくのペースト 85

田芋/ターンム 86
- ターンムデンガク 87
- 田芋の唐揚げ 87

だいじょ/ヤマン 88
- ダイジョの塩昆布漬け 89

いろいろな野菜
- オクラ/ほうれんそう 90
- 玉ねぎ/ジャガイモ 91
- モロヘイヤ/ブロッコリー 92
- クレソン/キノコ類 93

野菜の保存方法 94
野菜の調理方法 95
栄養素の話 96
ドクターからのアドバイス
　　脳の老化を防ぐ 100
島やさいの主な農産物販売所 102

あとがき 103

※島やさいの料理を沖縄の伝統的漆器・東道盆(トゥンダーブン)に盛りつけてみました。

本書の使い方

沖縄の伝統的野菜を春、夏、秋〜冬に分類しています。

●野菜紹介ページ

【おすすめの旬の時期】
年中市場に出回る野菜も多いですが、その中でおすすめの旬の時期を示しています。

【保存方法】
野菜によっておすすめの保存方法を紹介。
(94頁参照)

【野菜の名称】
「和名」と「沖縄県指定の通称名」両方を併記。

【選び方】
実際に野菜を選ぶ時の目安に。

【食べ方のポイント】
下ごしらえの方法や一般的な食べ方、おすすめの調理法など。

【特徴】
優れているところや期待できる成分や効能等。

【コラム】
野菜の伝来や歴史、名称などさまざまな情報。

●レシピ
島やさいをおいしく食べるためのレシピ。簡単で美味しく、しかも栄養学的にも考えられたレシピ。材料は基本4人分もしくは作りやすい分量。

●定番メニュー
沖縄でよく食べられているメニューを簡単に紹介。

沖縄の伝統的野菜28

【選び方】
全体的にハリがありみずみずしいもの。白色で球の部分に弾力性があるもの。葉や根が伸びすぎていないものが新鮮。

おすすめの旬の時期　1月〜7月

ユリ科ネギ属

島らっきょう

ラッチョウ 沖

強い香りと辛味、
シャキシャキとした歯ごたえが人気

【保存方法】
芽が伸びてくるので、入手後はすぐに下ごしらえする。泥付きは新聞紙で包み冷蔵庫の野菜室で立てて保存。

【食べ方のポイント】
薄皮をはがして塩漬けや炒め物、天ぷらなどでいただきます。
皮付きのまま葉の硬い部分と根をやや深めに切り落とし、多めの塩をふって軽くもんだ後30分ほどおき、その後水に30分つけ、薄皮がふやけたらゴシゴシと揉みながら洗うとむきやすくなります。

【特徴】
特有の匂いは食欲増進効果が期待できる「硫化アリル」によるもの。
切って15分以上空気に触れさせると疲労回復に役立つアリシンが340倍程に増える。
水溶性食物繊維がごぼうより3〜4倍多く、3分ほど焼くと甘くなる。
糖分はメロンの2倍の30度以上になる。フルクタンという糖類がたくさんつながった多糖類が多く含まれる。90度で2時間加熱するとジャムのような甘い黒ラッキョウになる。
アリシン、クエン酸、糖質が多い。
夏バテ防止、健胃、整腸、利尿作用、駆虫作用が期待できる。また、匂いの元となる硫化アリルがビタミンB1の吸収をよくする。また、硫化アリルは疲労回復、血液の凝固を防ぎ、血中の脂肪を減らす働きがあるので、生活習慣病予防に期待できる。

【一口知識】
エシャロットとエシャレット、何がどう違うの？
エシャロットは小型玉ねぎのフランス名です。エシャレットは若採りのラッキョウの事で、「エシャ」とも呼びます。両者は混同される事が多く、小型たまねぎの方は「ベルギー・エシャロット」と呼ばれるようになりました。両者は、全く別種の野菜です。

島らっきょうは日本には平安時代に伝わり、薬用・食用として利用されていました。9〜10世紀頃の『新撰字鏡』という書に「ナメミラ」、「本草和名」に「オホミラ」という名で記載されています。漢方では「薤白（ガイハク）」とも呼ばれ薬として利用されていましたが、江戸時代になり野菜として普及していきました。

定番メニュー
島らっきょうの塩漬け

島らっきょうの根と葉の部分を切り落とす。
薄皮をむき、10％ぐらいの塩水に一晩浸す。
かつおぶしをふって、好みで醤油をかけていただく。

島らっきょうの豚バラ肉巻き

材料　4人分

島らっきょう	12本
豚バラ薄切り肉 （12cmほどの長さ）	12枚
梅果肉 （種をとり刻んだもの）	大さじ1
シークヮーサー	1個
塩	適量

作り方

1. 島らっきょうは、根と硬い葉を取り除き、塩をふって10分ほどおき、薄皮をむく。

2. 豚バラ肉に塩を少々ふったあと、その上に梅果肉を薄くのばし、島らっきょうの根元から斜めに巻く。

3. フライパンに油をひかずに2を並べ、弱火でこんがりと焼き色がつくまで焼く。

4. 皿に盛り付け、半分に切ったシークヮーサーを添える。

| おすすめの旬の時期 | 11月〜3月 |

セリ科ニンジン属

ほのかな甘み、さわやかな香り
カロテン豊富な黄色いにんじん

島にんじん

チデークニ 沖

【保存方法】
葉の成長に栄養を取られてしまうため、葉を切り落とす。葉つきのものは水気がつくと腐れやすくなるので、水気をよく拭いてから新聞紙に包み冷蔵庫の野菜室で保存。

【食べ方のポイント】
皮に近い部分（内鞘細胞）にうまみやカロテンが豊富なので皮をむかないか、薄くこそぎ落とし利用するのがおすすめです。体力増進、滋養食として古くから食されている豚レバーや赤肉、腎臓とともに煮込んだ汁もの「チムシンジ」には欠かせない島野菜です。すぐに火が通り柔らかくなるのが特徴です。
カロテンは油と一緒に摂るのが良いとされてきましたが、ニンジンに含まれるわずかな脂質だけで、十分吸収されることや、油を使った炒め物や生より、煮物の方がカロテンの吸収が良いということが分かってきました（2005年国際家政学会）。具だくさん汁物や煮物はおすすめの食べ方です。

【特徴】
本来の島にんじんは淡い黄色ですが、最近は鮮やかな黄色の品種が出回っています。
島にんじんは沖縄在来種の野菜で17世紀にシルクロード、中国を経て日本に伝わりました。細長く薄い黄色でごぼうのように細長いのが特徴です。オレンジ色の西洋系ニンジンに対してこの島ニンジンは東洋系ニンジンです。
沖縄名の「チデークニ」は「チ」は「黄色」、「デークニ」は「大根」の意味で「黄色い大根」と訳しますが、大根ではなく、人参です。
島にんじんは、オレンジ色のニンジンよりカロテンが豊富。沖縄では「クスイムン（薬膳料理）」として利用されています。

【選び方】
葉がイキイキとし、表面にハリとツヤがあり、なめらかでまっすぐ伸びているもの。葉を切り落とした輪が緑色で、輪の小さいもの。

セーファン風島野菜の あんかけ茶漬け

※「セーファン」とはご飯にかけ汁をかけて食する郷土料理

> ありあわせの野菜や肉を柔らかく煮るだけでできる時短料理。ご飯ものに野菜を加えることで咀嚼回数も増え血糖値の急上昇を抑える効果が期待できる。淡白な野菜に、あんをかけることで、油を使わない物足りなさをカバーし、こってり感を演出。

材料　4人分

- A　島にんじん　　　　　各1/4本
  - パパイヤ　　　　　　　　20g
  - カラシナ（もしくは青菜）　20g
  - サヤインゲン　　　　　　4本
  - パプリカ　　　　　　　　20g
  - 豚ロース肉（薄切り）　　120g
  - しいたけ　　　　　　　　2枚

- B　かつおだし　　　　　1カップ
  - しょうゆ、みりん、酒　各小さじ1
  - 塩　　　　　　　　　　2つまみ

- C　かつおだし　　　　　4カップ
  - 酒、みりん　　　　　　各大さじ1
  - 薄口しょうゆ　　　　　小さじ2
  - 塩　　　　　　　　　　小さじ2/3
  - 水溶き片栗粉
    （水大さじ3 片栗粉大さじ2）

- D　薄焼き卵　　　　　　1個分
  - なめたけ瓶詰（市販）　小さじ2
  - ごはん　　　　　　　　茶碗4杯分

作り方

1. Aの材料は長さ3センチほどの薄切りにし、青菜以外をBの煮汁で3～4分煮て味をしみこませておく。

2. Cの材料を火にかけ、沸いてきたら水溶き片栗粉を加え、とろみがでたら火をとめる。

3. 丼にごはんを入れ、その上に1と薄焼き卵、なめたけを彩りよく盛り付け、2をかける。

春
島にんじん

ニンジンドレッシングはいろいろなサラダにかけて使えます。

島にんじんのリボンサラダ ニンジンドレッシングで

材料　4人分

島にんじん	2本
A 〈ニンジンドレッシング〉	
にんじん	50g
新たまねぎ	25g
酢	大さじ1
シソの実油	大さじ2と1/2
蜂蜜	小さじ1
塩・コショウ	適量

作り方

1. にんじんは、ピーラーで薄くリボン状にスライスしておく。

2. ミキサーにAの材料をすべて入れ、約20秒撹拌し、塩コショウで味を調え、ニンジンドレッシングを作る。

3. 1に2のドレッシングをかける。お好みで砕いたクルミを加えるとおいしく、栄養価もアップします。

【選び方】
葉がイキイキとした肉厚で小ぶりのものが柔らかくて美味しい。

| おすすめの旬の時期 | 12月～5月 |

ヒユ科アカザ亜属

柔らかな50～60センチもある
大きな団扇のような肉厚の葉

ふだんそう
ンスナバー 沖

【保存方法】
新聞紙などで包み、冷蔵庫の野菜室で立てて保存。

【食べ方のポイント】
シュウ酸を多く含むので下ゆでをしましょう。ゆでる・水にさらすことでシュウ酸のほとんどはなくなります。以前は、カルシウムを多く含む食品（牛乳・チーズ）などと一緒に摂ると尿路結石などのリスクを高めると言われていましたが、むしろ一緒に摂取することで、腸に届く前にシュウ酸カルシウムに変化させ、予防につながる食べ方になることが分かってきました。（諸説あり。16頁参照）

【特徴】
暑さと乾燥に強いことから夏場の葉野菜として、また耐寒性もあるので冬の葉野菜としても年中収穫できる島野菜です。カロテンやカルシウム、鉄を豊富に含み、ビタミンB2、カリウム、鉄は小松菜より多いです。

ロールンスナバー

春
ふだんそう
ンスナバー

材料　4人分

〈タネ〉
ンスナバー（葉の部分）	12枚（15cm×20cm）
合挽き肉	160g
ンスナバー（茎の部分）	8本分
タマネギ	40g
パン粉	20g
卵（Mサイズ）	1/2個
ケチャップ	20g
塩　こしょう	適量
サラダ油	適量

〈スープ〉
トマトジュース（加塩）	250cc
水	250cc
ケチャップ	60g
顆粒コンソメ	小さじ2
塩	小さじ1/2
砂糖	ひとつまみ
ミニトマト	適量

作り方

1. ゆでたンスナバーの茎の部分とタマネギは粗いみじん切りにし、油をひいたフライパンで炒める。

2. ボウルに合挽き肉を入れ、粘りが出るまで練り混ぜ、1とその他のタネの材料を入れ、さらによく混ぜ合わせ4等分にする。タネの空気を抜き、俵型に成型する。

3. ンスナバーの葉2枚を1/3程度重ねたものに2のタネをのせ、両端を折り込みながら巻く。

4. 小さめの鍋に3の巻き終わりを下にして並べ、スープを入れ、中火で約15分煮る。最後にンスナバー1枚で再度包み、軽く煮込んだら皿に盛り刻んだミニトマトを飾る。

シュウ酸といっしょにカルシウムを！
（諸説あります）

＊クエン酸を多く含むレモンやグレープフルーツ、パイン、アセロラも予防にはオススメ

ふだんそう（ンスナバー）は原産国のシチリア島では紀元前から栽培されていたと言い、日本には中国を経て江戸時代に伝わりました。沖縄には17世紀頃中国から導入されたと言い、終戦後の野菜のない頃よく食されていました。砂糖を取るビートや甜菜と同じ種類の野菜ですが、フダンソウの根は肥大しないので主に葉を食用とします。葉を取っても次々と若葉がでてくるので「不断草」の名前がつきました。沖縄名のンスナバーの「ンス」は味噌のこと。葉を調理すると葉茎が味噌のようになることから名付けられたといいます。茎が黄色や赤色になる「スイスチャード」も仲間の野菜です。

定番メニュー
ンスナバーンブシー

下ゆでしたンスナバーを豆腐や豚肉と一緒に炒める。
水あるいはだし汁を好みで加えて煮、味噌で味付けをしていただく。
※「ンブシー」とは野菜に豚肉や豆腐を加えて味噌味で煮込んだもので、ナーベーラー（へちま）、ゴーヤー、ンスナバー（ふだんそう）などが代表的である。

| おすすめの旬の時期 | 1月〜6月 |

チャセンシダ科アスプレニウム属

南九州から台湾に分布し、
石垣島で野菜として食される

おおたにわたり
フィラムシルー 沖

【選び方】
10センチから15センチの葉先がクルンと巻いたハリのある新芽を選ぶ。

【保存方法】
湿らせた新聞紙に包み、ポリ袋に入れて冷蔵庫の野菜室で保存。

【食べ方のポイント】
食材として向いているのは株の内側に出てくる新芽の部分で、葉先のくるっと巻いた若芽は、コリコリした歯ごたえが人気です。炒め物やてんぷら、煮物のあしらいに利用されます。

【特徴】
南九州から台湾に分布する樹上や岩肌に着生する常緑のシダ植物です。
生育が遅い上にカタツムリの食害も多く収穫量は少ない野菜です。
成長すれば葉の長さは1メートル以上にもなります。
山菜の少ない沖縄で伝統的な山菜として重宝されています。また民間療法で美白効果があると言われています。
石垣島では古くより法事や祭事の供物とされています。

オオタニワタリの天ぷら

材料　4人分

オオタニワタリ新芽	16本
薄力粉	適量
〈天ぷら衣〉	
薄力粉	50g
冷水	100cc
揚げ油	適宜

作り方

1. オオタニワタリの新芽に薄力粉をまぶしておく。
2. 〈天ぷら衣〉の材料を混ぜ合わせる（混ぜすぎないように）。
3. 2に1をくぐらせ、170℃の油で1～2分揚げる。

定番メニュー
オオタニワタリ炒め

洗って傷んだ部分はカットします。フライパンで炒めて、塩で味付けます。香り付けに醤油を少し入れます。

| おすすめの旬の時期 | 周年 |

キク科ヨモギ属

肉汁や魚汁の臭い消し、風味付けにも利用

にしよもぎ/ヨモギ
フーチバー 沖

【選び方】
モスグリーンに近い柔らかい葉を選びます。葉に筋（ハモグリバエの食害）があったり、斑点のあるものは避けましょう。

【保存方法】
湿らせた新聞紙などに包んで、冷蔵庫の野菜室に立てて保存します。

【食べ方のポイント】
柔らかい部分の葉を主に使い、根に近い葉は硬くなっていることが多いのですが、ゆでてミキサーにかけて使ったり、乾燥させ薬湯としても楽しめます。ヤギ汁の臭い消しなどに利用されることが多いですが、食べる直前に入れると苦味がきつくなりません。

【特徴】
食物繊維が豊富でビタミンAやカルシウム、カロテン、カリウム、鉄分も豊富に含まれます。沖縄では昔から解熱、神経痛、リウマチ、胃腸病、高血圧に効果がある薬草として民間療法で用いられてきました。現在流通している市販の健康食品・青汁はヨモギの青汁から考案されたといわれています。地下茎で広がり、公園や墓地で野生化している姿をよく見ます。薬用酒としての利用も多く、リキュールや泡盛につけるフーチバー酒も人気。

沖縄名「フーチバー」は「フーチ（病気）」「バー（葉）」のことで、病を治す薬草として親しまれてきました。沖縄のヨモギは、県外のヨモギと異なり「ニシヨモギ」という種類です。苦味が柔らかく、独特の爽やかな香りが特徴で、葉の裏の白い綿毛は艾（もぐさ）の原料になっています。この艾と言う字も「病が無くなる」と言う意味です。

フーチバーの 五平もち

材料　4人分

〈五平もち〉
うるち米	1合
もち米	1合
フーチバー	80g

〈甘味噌ダレ〉
白味噌	大さじ4
砂糖	大さじ2
みりん	大さじ1
すりごま	大さじ2
水	適量

作り方

1. うるち米ともち米を合わせて炊く。〈甘味噌ダレ〉の材料を混ぜ合わせ、塗りやすい固さに水でのばす。

2. 炊きあがった1のご飯を刻んだゆでたフーチバーと混ぜながらすりこぎで半分程度つぶし、手で小判型に丸める。

3. 2の五平もちをフライパンで焼き、焼き目を付けて甘味噌ダレを塗る。

定番メニュー

ボロボロジューシー

豚肉（三枚肉）をゆでて豚だしをとる。豚肉は短冊切りにする。豚だしとかつおだしで7カップ（1400cc）を鍋に入れ、お米1カップを入れ煮る。豚肉とフーチバーを入れさらに煮る。お米が炊けたら、塩で味を整える。

※「ジューシー」とは沖縄風の炊き込み御飯のことですが、ボロボロジューシーは柔らかいジューシーでどちらかと言うと「雑炊」に近いご飯ものです。フーチバーの他にカンダバー（八重山かずら）を入れたものが代表的です。

フーチバー豆乳プリン

春
にしよもぎ
フーチバー

材料　4人分

〈フーチバーペースト〉
(作りやすい分量)
フーチバー	100g
(柔らかい葉のみ)	
豆乳	150cc

フーチバーペースト	50g
調整豆乳(特濃)	500cc
水	50cc
グラニュー糖	65g
アガー	10g
(ゼラチンを使う場合は11〜12g)	

「アガー」は海藻由来のゲル化剤。常温でかたまる性質があり、夏場におすすめ。

作り方

1. フーチバーペーストを作る。①洗ったフーチバーを塩ひとつまみ（分量外）を加えた熱湯で2分ゆでる。②ゆで上がったフーチバーを冷水にとり、水気をしっかり絞る。③②のフーチバーと豆乳をフードプロセッサー等でペーストにする。

2. グラニュー糖とアガーを混ぜておく。

3. 鍋に2と豆乳・水を入れ中火にかけ、かき混ぜながら沸騰直前まで加熱する。

4. 火を止め、フーチバーペーストを加えよく混ぜ合わせて器に入れ、冷やす。

【選び方】
葉の色が鮮やかで柔らかそうなものを選びます。

【保存方法】
傷みやすいので早めに利用しましょう。新聞紙に包んで冷蔵庫の野菜室で保存するか、乾燥させて冷凍庫で保存しましょう。

【食べ方のポイント】
葉は野菜として、種はスパイスと口臭予防として、肥大した根は野菜として利用できます。糸状の細い葉はサラダや和え物に散らすと香り付けや彩りが豊かに。
イタリアでは、鱗茎が肥大した別品種の「フィノッキオ」と呼ばれるフェンネルが良く利用されています。
またドライにした葉や種をパンの生地に練り込むと風味も栄養価も高くなります。

【特徴】
アネトールという成分が含まれており、腸を刺激し消化を促進させ、食欲を増進させる効果とともに、沖縄の伝承では喉あれに効果があるとされています。

| おすすめの旬の時期 | 周年 |

セリ科ウイキョウ属

魚汁やマース煮（塩煮）など、魚料理の臭み消しとして

ういきょう
イーチョーバー 沖

ういきょう（イーチョーバー）は地中海沿岸が原産地で歴史上もっとも古い作物のひとつとされています。古代エジプトや古代ローマでは強精剤として用いられていました。日本には平安時代に中国から渡来しました。沖縄での方言名「イーチョーバー」は胃と腸に良い葉「胃腸葉」ということで整腸に利用されてきました。製薬会社の「太田胃酸」や「仁丹」もイーチョーバーが主成分です。

イーチョーバー風味の
アクアパッツァ

春
ういきょう
イーチョバー

材料　4人分

ミーバイ（はた）	1尾
塩	少々
こしょう	少々
イーチョーバー	2枝
ブロッコリー	80g
赤・黄ピーマン	20g
ミニトマト	4個
にんにく	4片
水	400cc
オリーブオイル（焼き用）	大さじ1.5
オリーブオイル（仕上げ用）	大さじ2

作り方

1. ミーバイはヒレやうろこを取り洗い水気をふき、塩コショウする。赤・黄ピーマンは一口大に切り、ブロッコリーは軽くゆでる。ミニトマトは縦半分に切り、イーチョーバーの1枝はみじん切りにする。

2. フライパンにつぶしたにんにく、オリーブオイルを入れ火にかける。にんにくの香りがしてきたら、ミーバイを両面じっくり焼く。

3. 余分な油をキッチンペーパーで取り、水と野菜、みじん切りにしたイーチョーバーを入れ煮汁をミーバイにかけながら、強火で煮る。

4. 煮汁に少しとろみが出てきたら、仕上げ用のオリーブオイルをかけ、皿に盛り付ける。

イーチョーバーの
フィナンシェ

材料　フィナンシェ型12個分

イーチョーバー（葉のみ）	20g
バター	100g
卵白	S玉4個分（約130g）
砂糖	70〜90g
ハチミツ	20g
アーモンドプードル	50g
薄力粉	50g
バニラエッセンス	適量

作り方

1. アーモンドプードル、薄力粉は一緒にふるっておく。鍋にバターを入れキツネ色より少し濃い色になったら素早く鍋底を水につけ色止めしキッチンペーパーでこす。

2. ボールに卵白を入れ軽く溶きほぐし、砂糖、ハチミツ、バニラエッセンスを加え混ぜ合わせる。

3. 2に振るったアーモンドプードル、薄力粉を入れゴムベラでよく混ぜ合わせる。
溶かしバターを少しずつ入れよく混ぜ合わせる。

4. 型にバターを塗り3の生地を9分目まで入れる。

5. 200度にオーブンを予熱し、190度で8〜10分焼く。

| おすすめの旬の時期 | 周年 |

キク科アゼトウナ属

沖縄にも自生し
古くから薬草として利用

ほそばわだん/ニガナ
ンジャナ 沖

【選び方】
表面にハリがあり、
イキイキした
もの

【保存方法】
新聞紙に包み、冷蔵庫の野菜室で保存。

【食べ方のポイント】
その名の通り強い苦みがあるので、和え物や生で食べる時は、冷水にさらしてのアク抜きがすすめられていましたが、そのアクと言われていた成分がポリフェノールだということが分かりました（※1）。そのため、水にさらさず切ったらすぐに調理するのがおすすめです。水にさらす場合は短時間にしましょう。
苦味と沖縄の島豆腐との相性はとても良く、ピーナッツバターでコクをつけた白和えは不動の人気メニューです。また、イカ汁に入れて火を通すことで苦味が甘さに変わっていきます。

【特徴】
独特の苦味が風邪症状の緩和、胃腸不良の回復、産後の体力回復などに効果があるとされ、昔より薬草として認知されてきました。
ビタミンCやビタミンA、カルシウム、カリウムを豊富に含み、葉には独特の苦味があるのでスムージーなど青汁のようにドリンクにすれば、ゴーヤーのような夏バテ解消や風邪予防に役立ちます。
また、ニガナに特に含まれるチコリ酸と言う機能性成分は、高い抗酸化力をもち、代謝を受けずに血中へ移行することが分かっています（※2）。

※1 岡山大学農学部　奥田拓男名誉教授（薬学博士）によると「渋みの成分の根源は、植物の葉や根などに含まれる糖分の一種ポリフェノール。血液や血管を浄化する働きがある。」
※2 沖縄県工業技術センター前田 剛希氏による研究報告「沖縄伝統野菜の低密度リポタンパク質(LDL)の酸化抑制能 」

ごま味噌 ニガナ炒め

©大友美幸

材料　4人分

ニガナ	80g
鶏もも肉	200g
パプリカ（赤・黄）	各1/2個
ニンジン	30g
しょうが（千切り）	1片分
ごま油	大さじ1/2

〈ごま味噌ダレ〉

味噌	大さじ2
すりごま	小さじ2
みりん	小さじ2
きび砂糖	小さじ1
水	大さじ2

作り方

1. ニガナ、鶏もも肉、パプリカを一口大に切り、ニンジンは短冊切りに切る。〈ごま味噌ダレ〉の材料をよく混ぜ合わせておく。

2. 熱したフライパンにごま油をひき、しょうがと鶏もも肉を炒め、火が通ってきたらパプリカとニンジンを加える。

3. 野菜に火が通ったらニガナを加え、炒め合わせる。

4. 器に盛り付け、ごま味噌ダレをかける。

定番メニュー

ンジャナスーネー（ニガナの白和え）

ニガナ（ンジャナ）は細かい千切りにして水にさらさないのがおすすめですが、気になる方は30秒ぐらい水にさらしてください。
水気を切った豆腐に白みそ大さじ2分の1（ピーナツバター大さじ1、白ゴマ30gでも）を入れ、砂糖と塩も少々入れ混ぜ合わせ、ニガナをあえる。

ニガナのスクランブルエッグ

春
ほそばわだん
ンジャナ

©大友美幸

材料　4人分

ニガナ	50g
トマト	1/2個(約50g)
顆粒コンソメ	小さじ1/2
水	大さじ2
オリーブオイル	小さじ1
バター	大さじ1

《卵液》

卵	3個
粉チーズ	大さじ1
豆乳(牛乳でも可)	大さじ2
塩・こしょう	少々

作り方

1. ニガナを5ミリ幅の千切りにし、トマトはヘタをとり1センチ角に切る。卵液も材料をよく混ぜ合わせておく。

2. 熱したフライパンにオリーブオイルをひきニガナを炒め、しんなりしてきたら顆粒コンソメと水を加え炒める。水分がほとんどなくなったら、卵液を加える。

3. フライパンを再び熱してバターを入れ、半分ほど溶けたところで2を流し入れ炒める。

4. 火を止め、トマトを加え混ぜる。

| おすすめの旬の時期 | 周年 |

アブラナ科アブラナ属

塩漬けにして保存もでき、
利用頻度も高くなる野菜

からしな
シマナー 沖
（別：チキナー）

【保存方法】
からしなは塩漬けにして冷蔵庫のチルド室で一週間ほど保存できます。塩を強くするとチルドで2週間程保存できます。生葉で保存する場合は新聞紙に包んで冷蔵庫の野菜室で立てて保存。

【食べ方のポイント】
からしなの塩漬けを沖縄では「チキナー」と呼び、おにぎりを包んだり、細かく刻んで豆腐と炒めたり、ご飯に混ぜてチャーハンにしたり辛みを上手に利用しています。また、辛味が強い場合には、湯通しして和らげたり調節して上手に利用しましょう。

【特徴】
風邪の予防、美肌、目、アンチエイジングにも役立つビタミンAのほか、100g中132mgと牛乳より多いカルシウムが含まれています。また、「発育のビタミン」と言われ、成長を促進し、皮膚や髪、爪などの細胞の再生や、口角炎、口内炎、舌炎などの予防に役立つビタミンB2も豊富です。ほかにもビタミンC、カリウム、鉄分も含んでいるので消化促進作用や利尿作用、夏バテ予防などに効果が期待できます。

【選び方】
葉先までハリがあり、濃い緑色で葉の縁にギザギザがある小ぶりなもの。在来種のものは大きめでも柔らかいが、大きくなり過ぎると硬くなる品種も。

カラシナと鶏肉の包み焼き

材料　16個分

- A カラシナ(みじん切り)　150g
  白ネギ(みじん切り)　50g
  白菜(みじん切り)　50g
  ニンニク(みじん切り)　2片
  ショウガ(みじん切り)　2片

- B 鶏ミンチ　100g
  鶏モモ肉　100g

- C 〈調味料〉
  塩　小さじ1
  砂糖　ふたつまみ(約2g)
  溶き卵　小さじ2
  料理酒　小さじ1
  片栗粉　適量
  ワンタンの皮　16枚
  ゴマ油　適量

作り方

1. カラシナはひとつまみの塩でもんだあとしぼって水を切っておく。鶏モモ肉は5ミリ角に切っておく。

2. 材料BとC〈調味料〉を混ぜ合わせ、粘りが出たらAを加えよく混ぜ、片栗粉を加えて、固さを調整する。

3. ワンタンの皮の三等分の中央に2をのせ、手前と奥を折り、棒状にする。

4. フライパンに油をなじませ、中火で3の片面に焼き目をつけ、水大さじ2を加えたらフタをしてさらに2分ほど焼く。

チキナーを利用して
カラシナごはん

炊きたてのご飯にチキナーのみじん切りを混ぜ込む。
ちりめんじゃこやかつお節を入れてもおいしいです。

定番メニュー
チキナーチャンプルー

1、チキナーはみじん切りにします。
2、油を熱したフライパンにチキナーと豆腐やツナ（缶）などを入れ炒める。
※チキナーの作り方／からしなは洗って塩をふり、しんなりしたら、しぼって水気を切り、チキナーにします。

からしな（シマナー）は古くから沖縄で親しまれていますが、原産地は中央アジア。沖縄には中国から9世紀頃に伝わってきたといいます。種を採取してマスタードを作るなど、利用価値の高い野菜です。
ピリッとした刺激的な辛みは、キャベツやダイコン、ワサビなどと同じくイソチオシアネートというアブラナ科特有のものです。この辛み成分は。動物や昆虫からの食害にあったとき、生体防御物質として生じますが、栽培中でも生育が進むにつれ増え、寒風にさらされるとさらに強くなります。しかし、塩でもんだり加熱したりすると辛みは和らぎます。

【選び方】
葉がイキイキとし、大きめであり、葉の緑と紫が濃く鮮やかなもので虫食いのないもの。

| おすすめの旬の時期 | 11月～1月 |

キク科サンシチソウ属

水前寺菜
（すいぜんじな）

沖 ハンダマ

血の薬、不老長寿の薬といわれ、
民間療法で活躍しました

水前寺菜（ハンダマ）は原産地の熱帯アジアから中国を経由して日本に入り、各地に広まりました。石川県では「金時草(キンジソウ)」熊本県では「水前寺菜」の名前で知られています。
愛知県では「式部草」という呼び方もあるようです。

【保存方法】
湿らせた新聞紙に包みビニール袋に入れて冷蔵庫に立てて保存。

【食べ方のポイント】
加熱するとヌメリが出てくるので、ゆでて豆腐やゴマ、白味噌などと和え物にしたり、雑炊、汁物に入れるとほんのりピンク色に仕上がります。お米と梅干しを一緒に炊飯したり酢飯にすると桃色ごはんになり子ども達に喜ばれます。

【特徴】
ハンダマは葉の表が緑色、裏が紫色をしているのが主流ですが、裏表ともに緑色のものもあります。どちらも加熱するとヌメリが出ます。また、ジンジャーやシナモンのようなスパイシーな香りも特徴です。沖縄では、ハンダマは血の薬、不老長寿の薬といわれ、民間療法で活躍しました。
期待できる効能は、ビタミンB２、ビタミンA、鉄分、ポリフェノールを多く含み、貧血や風邪予防、疲労回復に効果が期待できます。

ハンダマと新玉ねぎのドレッシング和え

材料　3〜4人分

ハンダマ(葉)	150g
水	400cc
新玉ねぎ	70g
お好みのドレッシング	適量

作り方

1. 沸騰した湯でハンダマを約1分ゆでたあとザルにあけ、葉はかたくしぼり食べやすい大きさに切っておく。

2. 新玉ねぎは薄くスライスして、水にはさらさず空気にさらす。（辛みは抜け、疲労回復物質アリシンの量が増えます）

3. ゆでたハンダマの葉と新タマネギを好みのドレッシングで和える。

ゆで汁を利用して
ハンダマの寿司飯

ハンダマのゆで汁でごはん（2合）を炊き、すし酢を加えるとピンクの寿司飯に。

| おすすめの旬の時期 | 周年 |

セリ科カワラボウフウ属

長命草の名で知られる沖縄自生の野菜
高い抗酸化作用が期待できる

ぼたんぼうふう/長命草
サクナ 沖

【選び方】
葉につやがあり、大きすぎないものを選びましょう。

【保存方法】
湿らせた新聞紙などで包み、ポリ袋に入れて冷蔵庫の野菜室で立てて保存。葉が若干肉厚なので水を入れた花瓶にさしての保存も短期間なら可能。

【食べ方のポイント】
独特の香りを利用し、魚料理や肉料理の臭い消し、柔らかい若葉は天ぷらやおひたし、細切りにして、白和えにして食べます。
内臓や高血圧に良いとされ、魚介類の食中毒防止に刺身のツマとしても利用されてきました。肉厚の葉で根っこにまで薬効があるとされます。

【特徴】
沖縄諸島の海岸沿いに多く分布している植物で、八重山地域では昔より一株食べると一日寿命が延びると言われ、長命草と呼ばれています。江戸時代は根っこを朝鮮人参の代用「御赦免（ごしゃめん）人参」とよび、風邪や咳止めに煎じ利用していたといいます。最近でも健康食品や化粧品に加工され注目の野菜です。
ビタミンC、カロテン、カルシウムのほかポリフェノールを多く含んでいるので高い抗酸化作用が期待できる野菜です。

サクナの巾着揚げ(きんちゃく)

材料　4人分

サクナ	50g
島にんじん	50g
にんじん	50g
大根	50g
しめじ	100g
しょうが	2片(約10g)
味付けいなりあげ	9枚
片栗粉	大さじ2
A　味付けいなりのつけ汁	大さじ1
塩	小さじ1/4〜1/3
〈揚げ衣〉	
小麦粉	大さじ4
水	大さじ3

作り方

1. サクナ、島にんじん、にんじん、大根、しょうがは千切りにする。しめじはほぐす。

2. ボウルに1の材料を入れ、Aを加えよく混ぜ合わせる。

3. 味付けいなりあげの煮汁はしっかりしぼりきり、開いたいなりあげに2の具材を詰め口に片栗粉をまぶしてしっかり閉じる。

4. 3に混ぜた〈揚げ衣〉を付け、中温(約170℃)の油でパリパリとするまで2〜3分揚げる。

> 市販の味付けいなりあげは、甘さにばらつきがあるので、野菜や塩の量で調整してください。

サクナの豚ロール

材料　4人分

サクナ	30g
薄切り豚ロース	8枚(約150g)
島にんじん	50g
にんじん	50g
塩、コショウ	各少々
片栗粉	適量
焼肉のたれ	大さじ3
オリーブオイル	小さじ1

作り方

1. サクナは千切り、島にんじん、にんじんは5ミリ程度の棒状に切り熱湯でさっとゆでる。

2. 豚ロースをひろげ軽く塩、コショウして、片栗粉を両面に薄くまぶす。その上にサクナを広げ島にんじん、にんじんをのせて巻く。

3. オリーブオイルをひいたフライパンに2を巻き終わりを下にして置き、弱火〜中火で豚肉にしっかり火が通るまで焼く。

4. 豚肉に火が通ったら、焼肉のたれを回しかけさっとからめる。

| おすすめの旬の時期 | 周年 |

ユリ科ネギ属

野に生えるネギに似た
柔らかい若葉や
太った球を食す

のびる

ヌービル 沖

【選び方】
葉先が茶色くなっていない、みずみずしいもの。

【保存方法】
土のついたまま新聞紙に包み、冷蔵庫の野菜室で保存。あるいは、細かく切って水気をよく拭き取り冷凍して保存。

【食べ方のポイント】
葉はサッとゆでて酢の物や味噌和え、ソーメンチャンプルーやジューシーの彩りに。白い球は味噌につけたり、塩漬けで食べたりします。バーニャカウダにしてもおいしいです。

【特徴】
繁殖力が旺盛で、葉も小さな白い球も食すことができます。ネギに似た香りは硫化アリルによるもので、この香りで食欲増進や体調維持に効果があるとされています。葉の形は一見ネギに似ていますが、断面はネギのように筒状にはなっておらず、V字になっています。球はそれほど大きくならず、らっきょうとにんにくの間のような食味ですが、ツーンとした香りとぬめり感は食欲をそそります。にんにくのような強い香りはありません。

カリウムや植物繊維が多く、ビタミンCはニンニクの6倍も含まれているパワー野菜です。食欲増進や体力維持が期待できます。日本全土の日当たりの良い草地や土手に群生する多年草です。現在では沖縄では店頭に並ぶことが少なくなった希少価値の高い野菜です。

春 のびる ヌービル

カマボコのノビル巻き

材料　4個分

かまぼこ(白)	約40g
ノビル	4本

〈カラシ酢味噌〉
味噌(白)	大さじ1
砂糖	小さじ1
酢	小さじ1
みりん	小さじ1
和ガラシ	適量

作り方

1. かまぼこは1センチ角で4センチほどの長さに切っておく。

2. ノビルは球の部分に切り込みをいれたあと軽くゆで、冷水で冷ます。

3. 分量の調味料を混ぜ合わせてカラシ酢味噌を作る。

4. かまぼこの左端からノビルの茎を添え、右端まで持ってきてからぐるぐると巻き、酢味噌をかける。

定番メニュー

かちゅーゆー (鰹湯)

茶碗にたっぷりの削ったかつお節を入れる。お湯をかけて好みで醤油や味噌で味をつけ、ノビルのみじん切りを散らしていただく。

※「かちゅーゆー」とは鰹湯のことで、沖縄では病気のときや食欲がない時に滋養強壮としても親しまれている。味付けは醤油派、味噌派、塩派などがあり、「やかん湯」とも言われる。

ノビルのチヂミ

材料 3枚分

ノビル	90g
A　薄力粉	100g
塩	小さじ3／4
水	180cc〜200cc
玉ねぎ（1〜2mmの薄切り）	45g
卵	1個
ごま油	適量
いりゴマ（白）	適量
〈つけダレ〉	
しょうゆ	大さじ1
酢	小さじ1
砂糖	小さじ2／3
ゴマ油	小さじ1／3
長ねぎ（みじん切り）	小さじ1
いりゴマ	小さじ1
ラー油	少々
にんにく	少々

作り方

1. ノビルをフライパンより少し短めに切る。Aに玉ねぎを合わせて生地を作る。

2. 温めたフライパンにごま油をひき、生地を流し入れ、ノビルをのせ、中火で6〜7分焼く。溶き卵を全体に回しかけ表面が乾いてきたら裏返す。

3. もう一度裏かえし、仕上げになべ肌から多めのごま油をまわしかけ、パリッとするまで焼きあげる。

のびる（ヌービル）はにんにく、ニラ、ネギ、らっきょうとともに五葷（臭みのある五種の蔬菜で仏家は食することを禁じられた）に数えられています。「ノビル」は「野の蒜」のことで「蒜（ひる）」とはにんにくのような香草を表します。「ノビル」は古くは中国より入ってきた野菜で、万葉集にも「ヒル」として登場します。

沖縄のフルーツ I

グワバ
フトモモ科
沖縄方言名は「バンシルー」。甘い実はビタミンCがレモンの6倍含まれるほか、果汁にはインシュリンの働きを活発にする働きもあると注目されている。葉は沖縄産大薬草（クミスクチン、うっちん、グアバ）の一つでお茶にして利用される。糖の吸収を穏やかにするポリフェノールを含むことから肥満や糖尿病予防が期待できる健康茶として人気。

スターフルーツ
カタバミ科
別名「ゴレンシ」。低カロリーでビタミンCが豊富。皮は薄いのでむかずに生で食す。サクサクした食感でほんのり甘い。若い緑色の実は酸味が強く、黄色く熟すると甘みが出る。輪切りだと断面が星形になり見た目が楽しいが、梨のように中心にいくほど酸味が強いので、甘みにこだわるのなら縦に切る。南風原町の「カーリー種」が人気。

スターフルーツの マチュドニア
マチュドニアとは、色々な果物が入ったフルーツポンチ風イタリアのデザート

材料4人分

スターフルーツ	1個
キウイフルーツ	1個
バナナ	1本
ドラゴンフルーツ（白）・ブドウ・アセロラ	各50g
白ワイン	80cc
グラニュー糖	40g
レモン果汁	大さじ2
ミント	4枚

作り方
1. スターフルーツは厚み5ミリほどの輪切りにし、ドラゴンフルーツとキウィフルーツはサイコロ状、バナナは輪切り、ブドウ・イチゴは半分に切っておく。
2. 鍋に白ワインとグラニュー糖を入れ火にかけ沸騰したら火を止めレモン果汁を加える。
3. 2に1の果物を入れ冷蔵庫で一晩置く。
4. 器に盛り付け、ミントを添える。

パイナップル

パイナップル科（アナナス科）
糖質をエネルギーに変えるビタミンB1を多く含み、酸味のクエン酸、ビタミンC、ビタミンB2などの相乗効果で疲労回復効果、アンチエイジングに期待ができる。タンパク質分解酵素「プロメリン」を多く含むのが特徴で、肉を柔らかくすることから肉の下ごしらえや 肉を食べた後デザートにして食べると消化を助ける。全体的に重みがあり、丸みをおびたもの。パイナップルは追熟しないが、時間を置くことで酸味が和らぐ。冷蔵庫の野菜室で保存する場合には葉の部分を下にしておく。

| おすすめの旬の時期 | 4月～7月（ハウス栽培は10月～4月） |

ウリ科ニガウリ属

ニガウリの苦味は、
太陽からの贈り物

にがうり
ゴーヤー 沖

【保存方法】
種やそのまわりのワタを取り、新聞紙に包み冷蔵庫の野菜室で保存。

【食べ方のポイント】
うまみ成分の多いかつお節やチーズ、油脂を含んだマヨネーズなどと合わせると苦味が和らぎます。また、中の白いワタの部分はビタミンCが果肉よりも約1.7倍も多く含まれていますので、捨てずに天ぷらや味噌和え、スープの具にしてもおいしいです。

【特徴】
表面のつぶが小さくて色の濃いものは苦味が強く、つぶが大きく緑色の薄いアバシゴーヤーなどは苦味が少ない。この苦味成分は「モモルデシン」といい、肝臓に優しく胃腸を刺激して食欲を増進させてくれます。また、ニガウリにはビタミンCが豊富に含まれており、その量はレモンの約4倍、トマトの5倍。しかも、加熱しても壊れにくいという特徴から、沖縄の灼熱の夏にバテた体を元気にしてくれる夏野菜の王様です。
また体内でインスリンと同じような働きをすることで「植物インスリン」と呼ばれる「チャランチン」を含むため、血糖値の改善に役立つといわれています。そのほか、免疫力強化、疲労回復、動脈硬化・糖尿病の予防など生活習慣病改善が期待されます。
ニガウリ（ゴーヤー）はインド東北部が原産地で、中国には14世紀末に伝わり、日本には中国経由で慶長年間（1596～1615）に渡来したと言われています。沖縄には、本土より早く15世紀前半までには伝わってきていると言われています。

【選び方】
表面が均等に鮮やかな濃い緑色で重みがあり、つぶが硬く黒ずみがなく密集しつやがあるもの。みずみずしいもの。

夏 にがうり ゴーヤー

ゴーヤーのコロコロ炒め

材料　4人分

ゴーヤー(小)	1本(正味160g)
しいたけ(生)	2〜3枚(約50g)
(もしくはエリンギ)	1本
片栗粉	大さじ2と1/2
ニンニク(みじん切り)	3片分(15g)
A　しょうゆ	大さじ1
グラニュー糖	大さじ1強
酢	大さじ1

サラダ油、輪切りの鷹の爪

ワタはとらずにサイコロ状に切ることで、サクサクとした食感が楽しめます。

作り方

1 ゴーヤーは縦半分に切り、ワタはとらずに硬い種だけ取り除き、1.5センチほどのサイコロ状に切る。しいたけもゴーヤーと同じ大きさに切る。

2 Aの調味料はあわせておく。

3 ポリ袋に1と片栗粉を入れ、口を閉じて片栗粉がまんべんなく付くように振る。

4 フライパンに油をひき、3を広げ強火で約3分焼き、カリカリとした状態になったらニンニクを加え、香りがたったら裏返し、フライパンをゆすりながら3分ほど焼く。

5 熱いうちに2をからめ、お好みで鷹の爪を加え皿に盛る。

わくわく ゴーヤーボート
ゴーヤーとトマトの肉詰め

材料　4人分

ゴーヤー（中）	2本
〈肉だね〉	
合挽き肉	300g
タマネギ（微みじん切り）	100g
卵	1個
塩	小さじ1
ニンニク（すりおろし）	30g
コショウ	少々
ピザ用チーズ	80g
ミニトマト（赤・黄）	各8個
小麦粉	大さじ1/2
オリーブオイル	大さじ1
ゆでビーンリーフ	20粒
〈キウイソース〉	
キウイフルーツ（すりおろし）	1個分
はちみつ	小さじ2
塩	3〜4つまみ

作り方

1. ゴーヤーは縦半分に切り、外皮に隠し包丁を（斜めに）入れ軽く塩、コショウ（分量外）し、小麦粉をはたく。

2. 肉だねの材料を合わせ粘りが出るまでこねる。

3. 1にピザ用チーズをのせ、チーズが出ないように2を詰める。トマトを肉だねに少し押し込みながらかざる。

4. フライパンにオリーブオイルを入れ火にかけ、3を並べ、フタをして中弱火で15分ほど蒸し焼きにする。

5. キウイソースの材料を合わせ、皿にひきその上にゴーヤーボートをのせビーンリーフをトッピングする。

> ゴーヤーの種をフライパンで香ばしく炒り、トッピングしても良い。

おすすめの旬の時期 5月～10月

ササゲ属マメ科

インゲンに似た食感や食味。
炒め物や煮物、てんぷらに。

じゅうろくささげ
フーローマメ 沖

【保存方法】
新聞紙に包み、風通しの良いところで常温で保存。

【食べ方のポイント】
インゲンと同じようにゆでて、炒めて、天ぷらまで幅広く利用されます。乾燥させた豆は長時間煮ても崩れないことから験を担ぐ縁起料理にも活用されています。乾燥させた豆は赤飯や羊かん、あんこなどに用いられます。

【選び方】
さやがしなびてないもの。黒ずんでないもの。

【特徴】
インゲンなどの豆類が少なくなる夏には重宝され、暑さに強く耐病性もあることから家庭菜園におすすめの野菜です。
若採りしたサヤにはビタミンA、ビタミンCが含まれ、乾燥させた豆には、たんぱく質、糖質、カリウム、ビタミンB1が豊富に含まれています。

じゅうろくささげ（フーローマメ）は中央アフリカのサハラ砂漠の南サバンナ地方が原産地。日本へは中国から伝来し、8世紀奈良時代の書物にも登場する古い野菜です。サヤの長さは30センチにもなり、サヤの中の豆が16個あることから「じゅうろくささげ」と名付けられました。関西では年に3回もとれることから「サンドマメ」とも呼ばれています。

フーローマメの信田巻き

材料　4人分

うす揚げ	4枚
フーローマメ	4本
にんじん（細切り）	50g
片栗粉	少々
A　鶏ミンチ	100g
白ネギ（きざみ）	大さじ1
おろしショウガ	1片分
塩	少々
B　めんつゆ（濃縮3倍）	30cc
砂糖	大さじ1/2
水	200cc

作り方

1. うす揚げは、麺棒で軽くころがしたあと、端3か所を切り開き、内側に片栗粉をふりかける。

2. Aの材料をよく混ぜあわせ、肉ダネを作る。

3. 1の上に2を薄くのばし、その上に、長さ5センチに切ったフーローマメとにんじんをのせて巻く。巻き終わりは爪楊枝でとめておく。

4. 鍋にBの材料を入れ煮立ったら3を加え、中弱火で約10分煮る、そのまま冷まして味がしみこんだら、食べやすい大きさに切り、皿に盛り付ける。

フーローマメの
ぐるぐるオムレツ

夏
じゅうろくささげ
フーローマメ

材料　4人分

フーローマメ	5〜6本
赤ピーマン	10g
〈卵液〉	
卵	3個
粉チーズ	大さじ1
塩	小さじ1/3
コショウ	少々
オリーブオイル	大さじ1
バター	5g

作り方

1. フーローマメは切らずに塩ひとつまみを加えた熱湯でゆでる。赤ピーマンは3ミリ角に切る。卵液を合わせておく。

2. フライパンにオリーブオイル、バターを入れ火にかける。バターが溶けたら卵液を流しいれ、箸でかき混ぜながら半熟にする。

3. 半熟になったら、火を弱火にしフーローマメをぐるぐると円を書くように並べ、赤ピーマンを散らし、フタをして表面の卵液が固まるまで弱火で焼く。

| おすすめの旬の時期 | 6月～12月 |

パパイヤ科パパイヤ属

青い実をシリシリーにして炒めたり、
大根のように煮物などにも利用

野菜パパイヤ

パパヤー 沖

【保存方法】
青い実の時に皮をむき、おろし金で千切り状におろし（シリシリー）ポリ袋に入れて冷蔵庫で保存。

【食べ方のポイント】
水にさらして食べるのが一般的でしたが、水にさらさず食べるのがおすすめです。しかしパパイヤに含まれるタンパク質分解酵素「パパイン」が刺激になる場合もあるので、生食の場合は短時間水にさらしてもよいでしょう。
パパインは肉を柔らかくする特徴があり、昔から肉と一緒に料理する汁物や煮込み料理に利用されてきました。またソムタムのようなサラダにしたり、炒め物、漬物など大根のように利用することができます。皮をむくときに、蛇口の下で水を少し流しながらむくとかぶれにくいです。葉は乾燥させて粉にして飲むと緑茶のような色合いでクセのない健康茶として楽しめます。

【特徴】
若い実は野菜として、熟して黄色くなれば果物として利用されます。たんぱく質、脂質、糖質を分解する酵素をすべて豊富に含んでいることから健康野菜として期待されています。
ビタミンCやカリウム、カロテンを含むことから消化吸収を助ける効果が期待できることと、パパイン酵素による肉を柔らかくし、消化を助ける働きが期待されています。さらに、最近の研究で、コスメとしての利用も注目されてきています。野菜として食べると免疫力アップに、果物として食べると解毒力トップクラスの食材になります。

【選び方】
重量感のあるずっしりとした皮にハリのあるものを選びましょう。

パパイヤと島にんじんのソムタム

材料　4人分

パパイヤ	200g
島にんじん	50g
いんげん	5本
にんにく	1片
とうがらし	1/2本
砕きピーナッツ	8g
昆布茶	小さじ1
ナンプラー	大さじ2
レモン汁	大さじ1と1/2
砂糖	小さじ1

作り方

1. パパイヤ、島にんじんは幅3ミリ程の千切り。いんげんはゆでて斜めうす切り、にんにく、とうがらしはみじん切りにする。

2. ボウルに全ての材料を入れて、もみこみ、器に盛る。

パパイヤは熱帯アメリカ原産で沖縄には中国から台湾を経て18世紀頃入ってきました。雄木と雌木と両性木があります。台風や干ばつで食材が不足した時などに貴重な食材として利用されてきました。
パパイヤは、別名「万寿果」「乳瓜木」「木瓜」とも呼ばれ、産後の肥立ちをよくしたり、母乳の分泌を促進される効果があるとされ、沖縄では、出産後の母親にパパイヤシリシリーやパパイヤと魚を煮込んだ汁を食べさせていました。

パパイヤの泡盛しょうゆ漬け

材料
パパイヤ	約400g
A（漬け液）	
しょうゆ	200cc
泡盛	80cc
砂糖	150g
ショウガ	2かけ

＊泡盛がない場合は焼酎でも可。

作り方
1. パパイヤは皮と種をのぞき、縦半分に切ったあと、熱湯で約3分ゆでる。
2. Aを沸騰させ、1のパパイヤを漬けこむ。翌日から4日目が食べごろ。

ミヌダル

※「ミヌダル」は沖縄の伝統的祝い料理で、ゴマを使った健康食です。

材料　4人分
豚Aロース（3mmスライス）	4枚
いりゴマ	60g
あたりゴマ（ペースト）	30g
片栗粉	適量
A　酒	大さじ2と1/2
みりん	大さじ2と1/2
三温糖	大さじ1と1/2
しょうゆ	大さじ1
〈漬け地〉	
酒	100cc
みりん	100cc
しょうゆ	80cc
パパイヤ（すりおろし）	100g
柚子（きざみ）	適量

作り方
1. ロース肉を〈漬け地〉に6時間漬け込む。肉を取り出し、クッキングペーパーで水分を取っておく。
2. すり鉢でいりゴマをすり、6割すったらあたりゴマを入れ、Aでのばす。
3. ラップの上に1のロース肉をひろげ、片栗粉をまぶす。2をのばし形をととのえる。
4. 蒸し器で15分蒸しクッキングシートの上に3を置き、粗熱をとり、冷めてから切り分ける。

| おすすめの旬の時期 | 7月〜11月 |

マメ科トウサイ属

黄緑色の若さやは
コリコリとした食感と
断面が四角形のユニークな形

しかくまめ
うりずんマメ 沖

【保存方法】
亜熱帯植物なので風通しの良い場所で常温保存。冷蔵庫に入れる場合は新聞紙で包み、ポリ袋に入れて保存。

【食べ方のポイント】
沖縄の若夏の頃「うりずん」の季節にちなんで「うりずんマメ」とも呼ばれることも。若さやはスジを取らずに利用できます。
ゆでてサラダや炒め物、天ぷらなどインゲンマメと同じように利用できます。
固めにゆでてほのかな苦味を楽しみましょう。ゆで過ぎると茶色く変色するので注意しましょう。花はエディブルフラワーとして利用でき、葉や熟した豆、地下芋も食べることができます。

【特徴】
多くは若さやを利用しますが、ビタミンA、ビタミンB1、ビタミンCなどの他、カリウムも含み、熟した豆にはタンパク質、脂肪、アミノ酸のリジンが多く含まれる栄養価の高い野菜です。

【選び方】
あまり大きすぎず、ひだが黒ずんでいないツヤのある若さやがおすすめ。種が入ってくると皮が硬くなり、さやに凹凸がでてくる。

シカクマメのサラダ

材料　4人分

シカクマメ	8本
ミックスビーンズ（市販）	50g
〈玉ねぎドレッシング〉	
玉ねぎ（みじん切り）	1/2個
りんご（すりおろし）	1/3個
しょう油	45g
酢	30g

作り方

1. 〈玉ねぎドレッシング〉の材料を合わせておく。

2. シカクマメは塩を入れたお湯でゆで、長さ1センチに切り、ミックスビーンズと一緒に〈玉ねぎドレッシング〉と和える。

しかくまめは台風や日照りなど厳しい環境が続く沖縄の夏の野菜不足を補うために普及した野菜。亜熱帯から熱帯で育つことから沖縄での栽培が盛んになりました。

ハムや角切りのチーズを加えるとさらにおいしくなります。

シカクマメのピリ辛炒め

材料　4人分

シカクマメ	120g
こんにゃく	100g
レンコン	50g
めんつゆ（濃縮3倍）	大さじ3
砂糖	小さじ1
とうがらし（種を取る）	1/2本
ゴマ油	小さじ2

作り方

1. シカクマメは斜め半分に切る、こんにゃくはひと口大に切り、レンコンは厚さ2ミリの輪切り、とうがらしは小口切りにする。

2. フライパンにゴマ油を熱し、とうがらしを炒める。シカクマメ、こんにゃく、レンコンを炒め軽く火が通ったら、めんつゆ、砂糖を入れ強火でさっと炒める。

おすすめの旬の時期 7月～12月

ヒルガオ科カズラ属

野菜として葉を利用する抗酸化力の高い野菜

八重山かずら
カンダバー 沖

【選び方】
葉が黒ずんでいたり、しおれていないもの。

【保存方法】
新聞紙に包み、ポリ袋に入れ、冷蔵庫の野菜室で立てて保存。

【食べ方のポイント】
若い葉や茎を汁ものや煮物、ジューシー（沖縄風炊き込みご飯）、和え物、キンピラ、炒め物に使います。茎も柔らかく食べられるよう改良されてきており、くせがなく他の食材とも合わせやすくなっています。

【特徴】
ヒルガオ科の植物はイモゾウムシのまん延を防ぐため、沖縄県外への持ち出しは禁止されています。
期待できる成分はビタミンA、ビタミンB1、ビタミンB2、ビタミンC、食物繊維のほか、視力低下、眼精疲労、様々なトラブル予防に欠かせない成分ルテインを豊富に含み、その量はホウレンソウの3倍、ケールの1.5倍もあるといわれます。また、白い液に含まれるヤラピンは整腸作用があり、抗酸化力も高いスーパー野菜です。

カンダバーの豆腐ハンバーグ

材料　4人分

島豆腐		100g
豚挽き肉		100g
カンダバー		60g
カンダバー（添え用）		50g
卵		1個
ニンニク（みじん切り）		2片
しょうが（みじん切り）		1片
A	片栗粉	小さじ2
	しょうゆ	小さじ1
	塩	少々
	コショウ	少々
B	めんつゆ（濃縮3倍）	大さじ1
	水	大さじ3
	砂糖	大さじ1/2
	片栗粉	小さじ1

作り方

1. 島豆腐はキッチンペーパーに包み重しをのせ水切りをする。
カンダバーは塩を加えた湯でゆで、添え用を除いて粗みじん切りにする。

2. ボウルに卵を割りほぐし、豚挽き肉、ニンニク、しょうが、1の豆腐とカンダバー、Aの調味料を加え混ぜ合わせる。

3. フライパンに油を熱し、2を4等分して小判型にしてのせ、ふたをして5分焼いたら裏返して3分焼き、皿に盛り付ける。

4. フライパンによく混ぜたBを入れ、とろみがついたら火を止め、3にかけ、ゆでたカンダバーを添える。

カンダバーとチキンの
カレースープ

材料　4人分

カンダバー	240g
鶏もも肉	200g
玉ねぎ	160g
水	800cc
コンソメ（固形）	2個
カレー粉	小さじ2〜適宜
オリーブオイル	小さじ2
塩	適量

作り方

1. カンダバーと鶏もも肉を一口大に切り、玉ねぎはくし形に切る。

2. 熱した鍋にオリーブオイルをひき、鶏もも肉を炒め玉ねぎも加えて炒め合わせる。

3. 2に水・コンソメ・カレー粉を加え、沸騰したら弱火で10分程度煮る。

4. 3にカンダバーを加え、塩で味を調える。

八重山かずら（カンダバー）は沖縄には芋と同時期に伝来したと言われています。野菜として利用されるカズラの芋は育ちにくく、茎を土に挿すだけで繁殖しますが、病害虫に弱い面もあります。沖縄では料理での利用以外に、若い葉を数枚もんで滲出してきたネバネバを髪に塗ると、髪がつやつやになるといわれ、昔より、潮風や太陽光で傷んだ髪の修復に利用されてきました。
あっという間に畑を覆い尽くすように広がる繁殖力の凄さと借金の利子の増え方を皮肉った沖縄の黄金言葉に「銭（ジン）ぬ　利（リー）や、夏（ナツ）カンダぬ這（ハ）いんねー」という言葉があります。借金の利子の増え方の恐ろしさをカンダバーの勢いに掛けた黄金言葉です。

おすすめの旬の時期 3月〜11月

ウリ科ヘチマ属

開花から約2週間の若い実を
柔らかい種ごと食べる
沖縄の夏野菜の代表。

へちま
ナーベーラー 沖

【保存方法】
新聞紙に包んで冷蔵庫の野菜室に立てて保存。

【食べ方のポイント】
若い実の皮をむいて、中の柔らかい種ごといただきます。たくさんの水分を含み、ヘチマの水分のみでンブサー（味噌炒め煮）ができます。ホロ甘く柔らかい食味と食感は老若男女に人気です。
ヘチマにはビタミンやミネラルが豊富に含まれており、味噌煮やシチュー、カレー、ラタトゥユ、カポナータなど幅広い料理に活用されています。

【特徴】
昔の沖縄は1メートルほどにもなる長い品種が好まれていましたが、最近は短い品種や生食に向く枕型のサラダヘチマの品種が好まれています。
ミネラルやビタミンが含まれており、水分が多いので夏の汗をかきすぎる季節には夏バテ防止に。ヘチマサポニンによる美肌効果も期待できます。

【選び方】
表面の皮に張りがあり、黒ずみがなく、太さが均一なもの。

ヘチマの皮は包丁の背で薄くこそげ取るようにすると、緑色が残って彩りがきれいです。

ヘチマのカレーフライ

材料　10個分

ヘチマ	1本（約350g）
プロセスチーズ（切れているタイプ）	10枚
A｜薄力粉	50g
｜カレーパウダー	小さじ2
顆粒コンソメ	小さじ2
水	大さじ4
塩	少々
溶き卵（Lサイズ）	1個分
パン粉	適量
油	適量
季節の野菜・シークヮーサー	適量

作り方

1. ヘチマは皮をむき、幅1.5センチの輪切りにし、その側面にチーズを差し込むための切り込みを入れる。

2. Aの材料を混ぜ合わせておく。

3. 1のヘチマにチーズをはさみ、2の衣をまんべんなくからめ、溶き卵にくぐらせパン粉をつける。（中のチーズがはみ出さないようにすき間なくまぶしつける）

4. 180度に熱した油で、きつね色になるまで揚げる。

5. 皿に季節の野菜と4を盛り付け、シークヮーサーを添える。

ヘチマのネギ南蛮漬け

夏
へちま
ナーベラー

材料　4人分

ヘチマ	1本
塩	適量
A　白ネギ（みじん切り）	1/4本分
にんにく、しょうが	各1片
島とうがらし	1/2本
酢	大さじ2
砂糖	大さじ1
しょう油	大さじ1
水	大さじ3
ごま油	少々

作り方

1. ヘチマは拍子木切りもしくは輪切りにし、塩をしたあと水で洗い流し水気を切っておく。

2. Aを合わせた漬けダレに1を入れ、1時間から一晩置く。

へちま（ナーベラー）は東南アジア原産のヘチマは、古くから中国やインドで栽培されていたようです。日本には中国を経て渡来し、沖縄には江戸時代前期に中国南部から台湾を経由して伝わったといわれています。
本土では熟した実を乾燥させてタワシにして利用することが多く、沖縄で若い実を食べることに驚かれます。諸説ありますが、沖縄方言名の「ナーベーラー」は、「鍋洗い（ナービアラヤー）」が転訛したものからきているといわれます。
また、昔の人の知恵として「ヘチマ水」は化粧品として今でも人気があります。

定番メニュー
ナーベーラーンブシー

ナーベーラーは皮をむき、斜めに切る。鍋に油を入れ炒める。豆腐を手でくずしながら入れ、フタをしてナーベーラーの汁を出す。汁が足りない場合、水やだし汁を足すとさらに水分が出てくる。豚肉を入れて味噌で味付けする。
※豚肉の代わりにツナ缶やポークランチョンミートなどを入れる場合もある。

ゆでヘチマの
さわやかジュレソース

材料　4人分

ヘチマ	2本(約400g)
豚薄切りロース肉	200g

A	
塩	少々
水	300cc

〈Bジュレソース〉
Aの煮汁	300cc
固形チキンコンソメ	2個
ゼラチン	10g
水(ゼラチン用)	大さじ2
醸造酢	大さじ4
シークヮーサー果汁	小さじ2

C	
ミニトマト(さいの目切り)	6個
ビーンリーフ	適量
オリーブオイル	適量

作り方

1. ヘチマは包丁の背で皮をこそげ取り、7ミリほどの輪切りにしておく。

2. 鍋にAの水と塩を入れ沸かし、ビーンリーフ、ヘチマ、肉の順に入れ約2分ゆでる。

3. 2の煮汁のアクを除き、火にかけ、チキンコンソメを溶かし火を止める。ふやかしておいたゼラチンと酢、シークヮーサー果汁を加え、冷蔵庫で冷やし固める。

4. 皿に盛り付けたヘチマに3をトッピングし、オリーブオイルをまわしかける。(ゼラチンを固めにし、フォークでクラッシュしてのせてもOK)

好みで豚薄切りロース肉(200g)やスモークサーモンと合わせてもおいしいです。

| おすすめの旬の時期 | 4月〜11月 |

ウリ科キュウリ属

きゅうりに似た果肉の白い瓜で
生食でも煮付けても美味しい

赤毛瓜（アカゲウリ）

モーウイ 沖

【保存方法】
風通しの良い場所での常温保存が可能。切ったものは切り口が空気に触れないようにぴったりとラップで保護し、新聞紙に包んで冷蔵庫で保存。

【食べ方のポイント】
生食でも青臭さはないのでサラダや味噌漬け、黒糖漬け、即席漬けにも使え、三枚肉と一緒に煮付けてもトウガンのように美味しく食べられます。生で食べるときゅうりとひと味違うシャキッとした歯触りを楽しめます。

【特徴】
果皮が赤茶色で細かい網目模様の細長い実です。果肉は白く淡白な味でキュウリのような青臭さはなく、水分を多く含み、ビタミンCやカリウムなどを含んでいます。
利尿作用、ビタミンCやカリウムを含み、夏場のクールダウンにも役立ちます。

【選び方】
果皮が赤茶色で網目状の模様があり、ずっしり重みがあり、シワや傷のないもの。

豚肉のモーウィ巻き カレー風味

材料　4人分

モーウィ（赤毛瓜）	2本
豚肩ロース	16枚（約400g）
カレーパウダー	小さじ2
顆粒コンソメ	小さじ1/4
塩、コショウ	少々
水	大さじ2
サラダ油	少々
青ねぎ	適宜

作り方

1. モーウィは皮をむき、スライサーで幅4〜5センチ×20センチほどの長さに薄くスライスし、軽く塩をしてしんなりさせておく（1人分4枚）。

2. 肉に塩コショウしたら、1のモーウィでくるくると巻いていく。巻き終わりには片栗粉をふって接着するか、爪楊枝でとめておく。

3. フライパンに油をひいて2を入れ、蓋をし弱火で加熱し、途中で裏返す。

4. 水分が出てきて、火が通ったら顆粒コンソメ、カレーパウダーを加え、塩、コショウで味を整える。（水分が足りない場合は大さじ2ほどの水を足す）

赤毛瓜（モーウィ）は15世紀に中国から伝わり、琉球王朝時代の宮廷料理の食材にも使われていた夏の島野菜です。育てやすく、台風や夏の太陽にも負けない丈夫な野菜です。別名「越瓜」（エッカ）とか「赤瓜」「毛瓜」とも呼ばれるきゅうりの仲間です。沖縄名の「モーウイ」の「モー」は「野原」の意の「毛（モウ）」という説と、うぶ毛が生えている様から毛の瓜（モーウイ）になったという説があります。奈良漬の材料として知られています。

夏
赤毛瓜
モーウィ

モーウィの カラフル漬け

材料　4人分

モーウィ	
（種と皮を除いた正味）	450g
醸造酢	75cc
砂糖	大さじ4
天然塩	大さじ1/2
A　粉ワサビ	10g
B　ドラゴンフルーツ赤	5g
C　粉末ウコン	3〜5g
シークヮーサー果汁	大さじ1

作り方

1. モーウィは皮をむき、縦1/4に切った後、厚み3ミリほどの薄切りにする。

2. A粉ワサビ（またはBドラゴンフルーツかCウコンの中から1つ）、酢を合わせた中に、1のモーウィを加え、軽くまぜておく。

3. 冷蔵庫で1時間以上漬けておき、翌日から4日ほどで食べきるようにします。

| おすすめの旬の時期 | 4月〜9月 |

ヒルガオ科アサガオ属

昭和20年代に伝わった
比較的新しい野菜

エンサイ、空芯菜
ウンチェーバー 沖

【保存方法】
湿らせた新聞紙に包んで冷蔵庫に立てて保存。

【食べ方のポイント】
ストローのように茎が空洞のようになっているので空芯菜とも呼ばれています。
太くなった茎は筋が多く固いので避けます。弾力性のある柔らかい若い茎を縦に割いて下処理すると食べやすくなります。また、葉と茎に分けて強火でサッと炒めると食感がひきたちます。みそ汁や和え物にも向きます。

【特徴】
カルシウム、βカロテン、葉酸、ビタミンB1、ビタミンB1、ビタミンC、鉄分が豊富に含まれています。皮膚や粘膜を正常に保ち、免疫力アップ、疲労回復効果が期待できます。赤血球を作る働きがある葉酸も含むので妊娠中の人にもおすすめ。

【選び方】
痛みやすく、すぐに葉先が黒ずみ、巻いてくるので、新鮮でイキイキしたものを選びましょう。

エンサイと
エリンギのソテー

材料　4人分

エンサイ	200g
エリンギ	50g
にんにく	2片（約10g）
オイスターソース	大さじ1と1/2
しょう油	小さじ1
サラダ油	適量

作り方

1. エンサイ、エリンギは4センチの長さに切る。エリンギは食べやすい太さに縦割りにする。にんにくは厚さ1ミリの輪切りにする。

2. フライパンにサラダ油、にんにくを熱し、にんにくの香りがしてきたら、エリンギ、エンサイを入れさっと炒め、オイスターソース、しょう油で味を整える。

エンサイ（ウンチェーバー）は原産地は中国から東南アジア。別名「朝顔葉」と呼ばれることからわかるように、アサガオやサツマイモと同じヒルガオ科の仲間のため沖縄県外への持ち出しは禁止されています。炎天下の真夏にも繁茂し、這うように広がっていきます。20センチほど成長したら地際から収穫しても、2週間ほどで収穫できるほどに旺盛に成長します。田でも畑でもよく育つことから家庭菜園でも人気です。

【選び方】
キク科のレタスは持ってみて軽く、全体に弾力のあるものを選びます。切り口が白いもので黒ずんでいないもの。

おすすめの旬の時期 8月〜3月

キク科アキノノゲシ属

結球する丸いレタスと違い、下葉から掻いて食用にします

かきちしゃ
チシャナバー 沖

【保存方法】
茎の切り口を水を含ませたペーパーで包み、全体を新聞紙で包んでからポリ袋に入れて冷蔵庫の野菜室で保存。全体を水につけると腐りやすくなるので注意しましょう。

【食べ方のポイント】
葉が硬く、苦味があるため生食よりは、油炒めや煮付け、沖縄おでんの材料、白和えなどに向いています。
カロテン、ビタミンC、ビタミンE、カルシウム、鉄分、カリウム、植物繊維などを含んでいます。またレタスには高い抗酸化力を持つ「チコリ酸」(*1)が多く含まれているため、炒めものはカサが減り苦みも緩和され、量もとれるのでおすすめです。

【特徴】
葉の幅は広く、葉の縁は波打つようにギザギザなのが特徴。茎を切った時に出る白い液は「ラクチュコピクリン」と呼ばれるポリフェノールの一種で、軽い鎮静作用、催眠促進があることから18世紀までは鎮静剤として使われていました。舐めると苦味を感じますが害はありません。

*1(九州沖縄農研報告「リーフレタスのDPPHラジカル消去成分」澤井祐典・沖智之・西場洋一・奥野成倫・須田郁夫・大和陽一
(https://www.naro.affrc.go.jp/publicity_report/publication/files/61-003.pdf)

チシャナバーと
ンスナバーのサラダ

材料　4人分

季節の野菜
（チシャナバー・ンスナバー、
カラシナのベビーリーフ・
二十日ダイコン・
ハンダマ、ニンジン）　　　適量
ゆでたまご　　　　　　　　2個
生ハム　　　　　　　　　　4枚
ニンジンドレッシング（13頁参照）

作り方

1. チシャナバーは食べやすい大きさにちぎり、他の野菜は食べやすい大きさに切る。ゆで卵は半分に切る。生ハムは横半分に切り、バラの花のようにくるくると巻いて、ベビーリーフやゆで卵とともに盛り付ける。

かきちしゃ（チシャ）は中国を経由し古くから日本に伝わり、奈良時代にはすでに「掻きちしゃ」として栽培されていました。チシャ〈またはチサ〉はレタスの古名で「乳草（ちちくさ）」。からきています。切ると白い乳状の苦い液体が出ることから乳草と呼ばれ、チサとなりました。茎は漬物として利用され、市販の「山くらげ」と呼ばれる漬物はこのかきちしゃの茎を利用したものです。

| おすすめの旬の時期 | 5月〜9月 |

ウリ科トウガン属

夏野菜として重宝され、
煮物や汁物に利用されます

冬瓜
シブイ 沖

【選び方】
ズシリと重くハリが あるもの。カットされ たものは、切り口がみ ずみずしく、しっか りと詰まっている もの。

【保存方法】
玉のままなら風通しの良い軒下などで長期保存可能。カットしたものはラップで包み冷蔵庫で保存。

【食べ方のポイント】
冬瓜を切るときには、包丁をつきたてるように十字にカットし、中の硬い種の部分のみ切り落とします。やわらかい種はそのまま食べられます。皮は切り口からナイフを入れてむきます。
生でサラダにも使えますが、加熱しても味が充分に染み込むので、煮物や汁ものにも適しています。

【特徴】
果実の96％が水分で果肉は白く淡白な味です。水分を多く含み、大きいものは10キロを超えるものもあります。ビタミンCやカリウムを多く含み、低カロリーでサポニンも含むため、ダイエットに向いている野菜です。沖縄では汁物の他に、砂糖漬けにします。
便秘や利尿作用に効果が期待できる。成熟した冬瓜の種は「冬瓜子（とうがんし）」といい、消炎、排膿、去痰、利尿に漢方薬として利用されています。

夏 冬瓜 シブイ

シブイのコンポート

材料

シブイ（冬瓜）	300g
赤ワイン	100cc
水	100cc
グラニュー糖	70g
レモン	1個
シナモン	適量
ミント	適量
スターフルーツ	適量

作り方

1. シブイ（冬瓜）を1センチほどのサイコロ形に切る。

2. 鍋に赤ワイン、水、グラニュー糖を入れ、グラニュー糖が溶けたらシブイを加えて15分ほど煮る。

3. シブイが透き通ってきたら、レモンの絞り汁を入れ、冷めたら冷蔵庫で冷やしいただく。

冬の瓜と書きますが夏野菜です。常温で冬まで保存できるので「冬瓜」と名付けられたと言います。アジアが原産地で中国を経由して日本、沖縄に伝来してきました。
琉球王朝時代に書かれた食医学書『御膳本草』にも利尿作用のある薬草として記載があります。

シブイの
島野菜あんかけスープ

材料　4人分

シブイ（冬瓜小1/2個）	約600g
鶏ミンチ	100g
しめじ	15g
さやいんげん	
にんじん	
島にんじんなど	あわせて20g
しょうが	1片
水	500cc
白だし	大さじ2
コンソメ（固形）	1個
水溶き片栗粉	
片栗粉	大さじ1と1/2
水	大さじ1
クコの実	適量
ゴマ油	2滴

作り方

1. 半分に切ったシブイは皮を傷つけないようにくりぬき、2センチほどの角切りにする。皮は器にする。

2. 鍋に油をひきしょうがを炒め、香りがたったら鶏ミンチを炒める。肉の色が変わったら、水、白だし、コンソメ、にんじん、トウガンを入れ中火で6〜7分煮る。

3. やわらかくなったら、しめじ、いんげん、クコを入れ、味を整えた後、水溶き片栗粉でとろみをつける。

4. 1のシブイの器に2を盛りつけて、3のあんをかける、最後にゴマ油を加える。

沖縄のフルーツ II

ドラゴンカルピス

赤のドラゴンフルーツを小さく切って、乳酸菌飲料と混ぜる。
ほんのり色がついたらできあがり。
赤のドラゴンフルーツはベタシアニンを含んでおり、アントシアニン効果もありおすすめ。

ドラゴンフルーツ

サボテン科
別名「ピタヤ」果肉が赤い「レッドピタヤ」、果肉が白い「ホワイトピタヤ」がある。赤は甘みが強く、白はあっさりしている。低カロリーでビタミン、ミネラルが豊富でシャリシャリした食感が人気。つぼみも和え物や天ぷらにして食べる人気のフルーツ。完熟で収穫するので新鮮なものから選ぶこと。日持ちも悪いので早めに食べたほうがいい。

島バナナ

ヒラミレモン
(シークヮーサー)

島バナナは原種に近い小型品種。濃厚な甘みと酸味のバランスが良い。旬が台風シーズンと重なる為、生産量が少なく、また熟すと皮が破れるのでなかなか市場に出回らない。抗酸化力と免疫力を高める機能はトップクラスで、食べてすぐにエネルギーになり、長時間持続するのが特徴。吊るして常温保存。冷蔵庫に入れると黒く変色する。冷凍保存する場合には皮をむき一本ずつラップに包む。シュガースポットは甘く熟したサイン。

ミカン科
青い若い実は酸味が強いので醤油と合わせてポン酢の代用としたり、黄色に熟したものは甘いのでデザート感覚でいただける。「ノビチレン」という抗酸化能力の高い成分を含むことから健康補助食品として注目を浴びている。方言名のシークヮーサーは「シー」は「酸っぱい」、「クヮーサー」は食べさせる」その酸味を生かして、硬い芭蕉布の洗浄に利用し、柔軟剤のような使い方をする。

【保存方法】
風通しの良いところであれば常温でも長期間保存できます。切ったものは種やワタを抜いてラップして冷蔵庫で保存。

【食べ方のポイント】
洋かぼちゃより、水分が多く、すぐに火が通ります。また、あっさりとしているのが特徴です。皮も柔らかく色も気にならないので丸ごと使いポタージュにするのもおすすめ。収穫後10日から2週間おくと、でんぷんが糖に変わっておいしくなります。

【特長】
1キロから20キロまで幅のある沖縄在来種のかぼちゃ。日本かぼちゃの系統で夏の暑さや病害虫にも強く家庭栽培に適しています。長期間常温で保存でき、栽培期間も長いことからとても重宝されます。
カロテンやビタミンB1、ビタミンB2、ビタミンCが多く含まれ、風邪や疲労回復に効果が期待できます

【選び方】
皮の色が濃く、硬くて傷のない小ぶりでもずっしりと重いものを選びましょう。

おすすめの旬の時期 10月～翌年6月

ウリ科カボチャ属

沖縄在来種のかぼちゃで
水分が多く、あっさりとした食感

島かぼちゃ

チンクヮー・ナンクァー 沖

島かぼちゃの ポタージュ

秋・冬 島かぼちゃ

材料　4人分

島カボチャ（カボチャ）	200g
タマネギ	1/4個
米	5g
バター	15g
水	400cc
チキンコンソメ（固形）	1個
調整豆乳（特濃）	150cc
塩・コショウ	適量

季節によって島カボチャのコクがない場合は、水を少なくし、豆乳を増やすか、生クリームを加え調整してください。

作り方

1. カボチャは種と皮を取り、適当な大きさに切る。タマネギは薄切りにする。

2. 鍋にバターを熱し薄切りしたタマネギをしんなり透き通るくらいに炒める。続いてカボチャを入れサッと炒め、水と米を加えてカボチャが柔らかくなるまで煮る。

3. 2をミキサーにかける。

4. 3を鍋に移し、チキンコンソメ、豆乳を入れてひと煮たちさせ、塩、コショウで味を整える。

島かぼちゃの グラタン

材料　4人分

島かぼちゃ（カボチャ）	250g
玉ねぎ	50g
顆粒コンソメ	小さじ1
塩・コショウ	少々
チーズ	20g
ゆでブロッコリー	適量

《ホワイトソース》

牛乳	250cc
バター	20g
薄力粉	20g
塩、コショウ	少々

※オーブンを200℃に温めておく

作り方

1. 島かぼちゃは種を取り、5〜6ミリ幅に切る。玉ねぎはスライスする。

2. グラタン皿に島かぼちゃ、玉ねぎ、ゆでブロッコリーを入れ、塩、コショウ、顆粒コンソメを振りかけておく。

3. 〈ホワイトソース〉を作る。鍋にバター、薄力粉をいれ中火にかける。バターが溶けたら70℃に温めた牛乳を3〜4回に分けて入れ、焦がさないようにその都度よく混ぜる。混ざってクリーム状になったら、塩、コショウで味を整える。

4. 2に3のホワイトソース、チーズをかけ200℃で30〜35分程焼く。（島かぼちゃに火が通り、表面に焼き色がつくまで）

秋・冬
島かぼちゃ

島かぼちゃもち

材料　4人分

島かぼちゃ	150g
もち粉	150g
絹ごし豆腐	1/2丁（75g）
砂糖	30g
きな粉	適量
黒蜜	適量
〈甘ダレ〉	
砂糖	大さじ1
しょうゆ	大さじ1
みりん	大さじ1

作り方

1. 島かぼちゃは皮をむき2センチの大きさに切り、少なめの水でふたをしてゆでる。

2. ボウルにもち粉、豆腐、砂糖、1を入れよくこね、クッキングシートを敷いたまな板の上に正方形になるよう置き、長さ5センチの拍子木切りにする。（水分量とモチ粉はカボチャの水分量によって増減してください）

3. 鍋に湯を沸かし2を入れ、浮いてきたら氷水にとり、ざるに上げる。

4. 器に盛り、きな粉と黒蜜をかける。
お好みで砂糖、しょう油、みりん各大さじ1ずつ入れ加熱した甘ダレをかけてもおいしい。

【選び方】
肌がきめ細かく、皮にハリがあり、くぼみや傷がないもの。ずっしりと重いもの。

【保存方法】
土がついたままなら風通しの良い場所で常温で長期保存できる。葉をつけたままだと葉に栄養分が取られてしまうため、葉は取った方が良いでしょう。

【食べ方のポイント】
直径20センチ、重さ5キロほどの丸みのあるダイコンで、柔らかく火の通りが早いので、煮ものやみそ汁の具に重宝します。葉にはカルシウムが多く含まれるため、ゆでてチャンプルーにしたり、煎ってふりかけにしたり、塩もみしてかつお節などとあえると苦みがやわらぎ、おいいく食べられます。

【特徴】
　島大根は中城大根、屋部大根、鏡水大根などがありますが、作付けも少なく希少な野菜です。葉には、ビタミンA、カロテン、ミネラル、その他のビタミン類が豊富に含まれており、根よりも栄養は豊富です。
　根の部分に含まれているジアスターゼは消化吸収を助けるので生食で。切り干し大根にすれば栄養価が高まり、食物繊維もとれます。ぬか漬けにすればビタミンB類が増します。ビタミンCが豊富なため風邪予防に役立ち、消化酵素「ジアスターゼ」を多く含むので、生で摂ることにより消化促進に役立つ。カロリーも低いのでダイエットにおすすめの野菜。

おすすめの旬の時期　12月～3月

アブラナ科ダイコン属

肉質は緻密で柔らかく、味の染み込みも早い上に煮くずれしない沖縄在来種。

島大根
デークニー 沖

切ったら中が青い！
「青あざ症」と呼ばれる生理障害があります。その場合多少食味は落ちますが、食べても問題はありません。

材料　4人分

島大根	300g
水	300cc
白だし	大さじ1
〈味噌ダレ〉	
味噌	大さじ2
みりん	大さじ1
砂糖	大さじ1
白ゴマ、ヒレザンショウ	適宜

作り方

1. 大根は3センチ幅の輪切りにし、白だしと水の入った鍋で20分煮る（弱火）。

2. 味噌ダレの材料を合わせ、盛り付けた大根にかける。

（※ヒレザンショウは沖縄に自生するミカン科の植物で、サンショウの代用品としても使用される。）

ふろふき 島大根

根の先端に行くほど辛味成分のイソチオシアートが増えていく傾向があります。大根おろしにした時は、ビタミンCの損失を防ぐためにも早めに食べましょう。おろした直後を100%とした時、5分後には90%、10分後には85%となります。

にんじんやきゅうりを大根と一緒に食べると酵素（アスコルビナーゼ）の作用で大根のビタミンCを破壊すると言われてきましたが、最近の研究で問題ないことがわかりました。レモンや酢を入れるとより良い食べ方になります。

「大根ぬ　出じれー　医者薬ん　売ららん」の沖縄の黄金言葉のように体に良い滋養強壮のつく島野菜です。

島大根と鶏肉の煮物

材料　4人分

島大根	400g
鶏モモ肉	150g
水	400cc
しょう油	小さじ2
砂糖	大さじ2
料理酒	小さじ1
じゅうろくささげ	4本

作り方

1. 島大根は食べやすい大きさに切り、鶏モモ肉は一口大に切る。じゅうろくささげはゆでて結ぶ。

2. 鍋にかつおだし、島大根、鶏モモ肉を入れ火にかけ、沸騰したら中火にしフタをして15〜16分煮る。砂糖、料理酒を加えさらに5分ほど煮たら、仕上げにしょう油、じゅうろくささげを加え水分がほとんど無くなるまで煮ふくめる。

チヂミ風大根もち

秋・冬
島大根
デークニー

材料　4人分 フライパン2枚分

島大根	130g
焼き豚	20g
島野菜（にんじん、ニラなど）	あわせて80g

A	もち粉	90g
	タピオカ粉	90g
	水	250cc
	酒	小さじ2
	粗塩	小さじ1
	砂糖	小さじ1
	オイスターソース	小さじ1

B	きざみニンニク	小さじ1
	きざみショウガ	小さじ1
	きざみ白ネギ	小さじ1

ゴマ油	適量
青ネギ	適宜
〈タレの材料〉	
酢、醤油	各大さじ1

作り方

1. 島大根、にんじんは1〜2ミリほどの千切り、ニラは2〜3センチの長さに切り、焼き豚はみじん切りにする。

2. ボウルにAの材料を入れ混ぜる。

3. 鍋にゴマ油小さじ2を熱しBを炒め、香りが出てきたらにんじん、島大根を炒めしんなりしたら、2のボウルに加える。ニラも加え混ぜ合わせる。

4. フライパンにゴマ油をひき3の半分量を流し入れ、中火で片面を約5分焼く。裏返したら強火にして軽く焦げ目がつくまで焼く。

5. 食べやすい大きさに切り分けて盛り付け、青ネギをふりタレを添える。

| おすすめの旬の時期 | 8月～1月 |

ヒルガオ科サツマイモ属

サツマイモよりも
上品な甘さで水っぽさもなく、
鮮やかな赤紫色が特徴。

紅芋
ンム 沖

【選び方】
虫食いの穴があったりイモゾウムシ特有の匂いのするもの、芽が出ているものは避けましょう。

【保存方法】
冷蔵庫では低温障害を起こすので、新聞紙や紙袋に入れ直射日光の当たらない所で常温保存。屋外で保存する際にはネズミ被害に注意。

【食べ方のポイント】
サツマイモよりも上品な甘さで水っぽさもないことから、料理やお菓子にも利用できレパートリーに幅が広がります。
そのまま蒸しても、色を生かして揚げ物やウムニー（きんとん）ンムクジ（さつまいものでんぷん）てんぷらにしても彩りが美しく、和洋中に、キンピラ、ニョッキ、餃子の皮など使えます。

【特徴】
水はけの良い石灰質の土壌、島尻マージが栽培に適しています。紅芋の特徴である赤紫はアントシアニンによるもので、植物繊維、ビタミンA、ビタミンC、カリウムなどミネラル分やポリフェノールも多く含むことから機能性食品としても期待できます。アントシアニンによる抗酸化作用、動脈硬化及びコレステロールの抑制効果、ヤラピンにより腸のぜん動運動を促すため便秘の解消にも役立つ。

紅イモの
ヘルシーチーズケーキ

材料

| A | 蒸し紅イモ | 200g |
| | 砂糖 | 大さじ2 |

B	クリームチーズ	200g
	生クリーム	100g
	プレーンヨーグルト	100g
	卵	2個

砂糖	70g
レモン果汁	大さじ1
小麦粉	大さじ3

ミント、イーチョーバーの花など　適宜

作り方

1. 紅イモはつぶし、大さじ2の砂糖を加えよくこねておく。

2. Bの材料をフードプロセッサーに入れて約2分混ぜたあと、小麦粉を加えさらに20秒混ぜる。

3. パウンド型にクッキングシートを敷き、1のつぶした紅イモをのばし平らにしておく。その上に2を流し入れる。

4. あらかじめ170度に温めておいたオーブンに入れ40〜45分焼く。

紅イモの巾着 豆乳仕立て

材料　4人分

〈紅イモの巾着〉
A	ふかし紅イモ	90g
	タピオカ粉	25～30g
	溶かしバター	10g
	塩、コショウ	少々
B	カボチャ	40g
	サヤインゲン	10g
	赤ピーマン	10g

〈豆乳スープ〉
調整豆乳（特濃）	150cc
水	100cc
白だし	大さじ1
水溶き片栗粉	
（水・片栗粉	各小さじ1）
青菜　むすび三つ葉など	適量

作り方

1. Aの材料を混ぜ、よくこねた後、4等分にしておく。水分が足りない場合は水を足し耳たぶほどの硬さにする。

2. ラップの上に、1をのせたら中央にくぼみを作り5ミリ角の大きさに切ったBの野菜の1/4量を入れ巾着にしぼる。ほどけないように、さらにアルミホイルで包み形を整え、沸騰した蒸し器に並べ、中火で約15分蒸す。

3. 鍋に〈豆乳スープ〉の材料を入れ、味を整えたら、水溶き片栗粉でとろみをつける。

4. 皿に3のスープを入れ、2を盛り付け、青菜を添える。

| おすすめの旬の時期 | 周年 |

ユリ科ワスレグサ属

オレンジ色の百合のような
可憐な花も好まれる

あきのわすれぐさ
クワンソウ 沖

【選び方】
茎のみのときは、切り口が変色しておらず、みずみずしいもの。花は、開花しない前のつぼみのうちに収穫したもの。

【保存方法】
葉を保存する場合には湿らせた新聞紙などに包んで冷蔵庫で保存。

【食べ方のポイント】
若芽や葉、根元の白く柔らかい部分は和え物や豚肉や牛肉、またはモツなどと一緒に炒めたり、汁物として料理します。また、花は開ききらないうちに酢の物やお吸い物、てんぷら、ジャムなどにして利用できます。

【特徴】
茎の部分はダイエット効果、高脂質異常の緩和、前立腺肥大症の緩和、オキシピナタニンと言う成分が、睡眠障害のリスク低減に役立つことが期待されています。

クワンソウの花のお浸し

材料　4人分

クワンソウ（花）	200g
白だし	大さじ2
水	200ml
すりごま	適量

作り方

1. クワンソウはさっとゆで、白だし、水を合わせたものに浸しておく。
2. 1を器に盛り、すりゴマをふりかける。

アキノワスレグサ（クワンソウ）は中国原産ですが、沖縄の気候にとても適し、古くから家庭菜園で栽培されてきました。根の部分にアミノ酸、アスパラギン酸、リジン、アルギンなどが含まれ、利尿作用があるとされています。花にはヒドロキシグルタミン酸、ベータシトステロールという成分が含まれ、コレステロールの吸収を阻害するといわれています。また、沖縄では古来よりリラックス効果がある「眠り草」として利用され、最近では「オキシピナタニン」というアミノ酸の一種の安眠効果を利用した商品開発が行われています。

クワンソウのタコライス

材料　4人分

合挽き肉	200g
クワンソウ	100g
緑、赤、黄ピーマン	120g
なす	80g
玉ねぎ	80g
ニンニク	3片
島とうがらし	1本
オリーブオイル	大さじ2
トマト缶（ダイス）	1/2缶
固形チキンコンソメ	1と1/2個
ケチャップ	大さじ3
塩	小さじ1/4
砂糖	小さじ1/4
コショウ	少々
カレーパウダー	大さじ1と1/3
ごはん	4人分
細切りチーズ	80g
レタス	適量

作り方

1. クワンソウは4～5ミリの長さに切る。他の野菜は7ミリ角に切る。種を除いた島とうがらしとにんにくは、みじん切りにする。

2. フライパンにニンニク、島とうがらし、オリーブオイルを入れ中火にかける。香りが立ったら、玉ねぎを加え透きとおったらフライパンの片側によせる。

3. フライパンのあいたところに、ひき肉を入れ、かき混ぜずにしばらくそのままにして脂を焼きつける。香りが立ったら他の野菜を入れて炒める。

4. トマト缶、ケチャップ、つぶしたチキンコンソメ、砂糖を入れ、フタをして汁気が無くなるまで中弱火で約12分煮る。
   塩、コショウ、カレーパウダーを入れて、味を整える。

5. 皿にレタスとごはんを盛り付け、4の具をのせチーズをかけて仕上げる。

秋・冬
あきのわすれぐさ
クワンソウ

| おすすめの旬の時期 | 12月〜3月 |

ユリ科ネギ属

にんにくよりも香りが柔らかく
ニラよりも歯ごたえがある

葉にんにく

ヒルヌファー、ヒル 沖

【保存方法】
新聞紙に包んで冷蔵庫の野菜室で保存。

【食べ方のポイント】
炒め物や和え物、鍋とも相性がいい。沖縄では、古くから豚肉のレバーやモツ、島ニンジンとの炒め物や汁物に利用され、冬場の風邪予防の薬膳料理としても人気です。

【特徴】
古い時期に中国ら日本に入り、15世紀頃には沖縄に伝わっていたとされています。肥大した鱗茎や葉を食用としていました。中国では葉にんにくを「青蒜」といい、沖縄でもにんにくを「ヒル」「フル」と呼びます。
アリシンを多く含み、ビタミン、カルシウム、鉄分が多いので風邪予防、体力増強などの効果が期待できます。ビタミンB1を多く含む豚肉などと一緒に摂ると、「アリチアミン」という安定した体内に吸収されやすいという物質になります。

【選び方】
葉先や葉がイキイキとしていること。鮮度が落ちやすいので早めに食べるようにしましょう。

葉にんにくの肉味噌

材料
葉にんにく	100g
三枚肉	200g
ごま油	小さじ1
A　泡盛	大さじ1
黒糖	大さじ2
しょうゆ	大さじ2

作り方

1. 葉にんにくを細かく刻み、三枚肉を五ミリ程度の角切りに切る。

2. フライパンにごま油をひき、三枚肉を中火で炒める。

3. 肉に火が通ったらAを入れ、黒糖をしっかりとかす。

4. 葉にんにくと醤油を加え。照りが出てくるまで煮詰める。

> 葉ニンニクのかわりにぼたんぼうふう（サクナ）を使うとサクナペーストができます。

葉にんにくのペースト

材料　4人分
葉にんにく	50g
松の実	20g
オリーブオイル （エクストラバージン）	100cc
粉チーズ	大さじ1
塩	小さじ1/2

作り方

1. 葉にんにくは細かく刻み、油をひかないフライパンで軽くローストする。

2. 全ての材料をフードプロセッサーに入れ、ペーストになるまで撹拌する。

| おすすめの旬の時期 | 12月～4月 |

サトイモ科サトイモ属

独特の粘りと風味があり、
うっすら上品な甘さが人気です。

田芋
ターンム 沖

【選び方】
皮がはち切れてふわふわしたもの。虫食いの少ないものを選びましょう。

◀芋茎（ずいき）

【保存方法】
生での流通はまれで、蒸したものが市場に出回ります。新聞紙で包み冷蔵庫や冷凍庫で保存。

【食べ方のポイント】
沖縄では重箱料理として欠かせない食材です。行事の際にはターンムの素揚げを重箱に詰めて供えたり、お正月にはターンムデンガク（田芋楽）、ドゥルワカシーなどが作られます。
芋茎（ずいき）は「ムジ」と呼ばれ、汁物にしていただきます。芋茎（ムジ）は繊維質やアクが強いので、下準備として繊維を包丁などで剥いた後、水に浸してアク抜きする準備が必要です。

【特徴】
澱粉が豊富で芋類の中で比較的カリウムやカルシウム、鉄分、ビタミンA、Cを含んでいます。
エネルギー源としても優れ、体力や胃腸の低下に優しく作用。アントシアニンの抗酸化力のほか食物繊維も豊富に含むため、便通や解毒の効果が期待できます。

秋・冬
田芋
ターンム

ターンムデンガク

材料　4人分

ターンム（蒸したもの）	600g
砂糖	120g
塩、しょうが汁	少々
水	適量

作り方

1. ターンムは皮を厚めにむいて2～3センチの角切りにします。

2. 鍋に1のターンムとひたるぐらいの水を入れ、火にかけます。

3. しばらくして砂糖と塩を入れ、弱火にして20分ほど煮ます。

4. イモの形がくずれて角がとれたら、しょうが汁を入れます。

田芋の唐揚げ

蒸したターンムを縦もしくは輪切りに切ります。180℃に熱した油で揚げて、熱いうちに熱した砂糖しょう油で味をしみ込ませます。

　田芋（ターンム）は古くに中国から伝わり、親芋の周りにたくさんの子芋がつくことから「子孫繁栄」「株が増える」などをもたらせる縁起物として正月や清明祭、シーミーなど、沖縄の行事には欠かせない食材です。芋茎を使った「ムジ汁」は子供が生まれた時に出される祝い汁でもあります。タイモは水田で栽培されることから「水芋」とも呼ばれています。
　生だと赤変しやすく腐敗が早いため、ほとんど生では流通していません。また蒸したもののほうがイモの良し悪しがわかりやすいということも理由のようです。

| おすすめの旬の時期 | 12月～5月 |

ヤマイモ科ヤマイモ属

粘りが強い山芋。
ポリフェノールを含む赤紫色のものも

だいじょ
（大薯）

ヤマン 沖

【選び方】
虫食いの
ないもの

【保存方法】
低温に弱いので、常温で保存。

【食べ方のポイント】
煮たり、菓子（カルカンなど）に加工したり、てんぷらに利用。粘りが強いためすりおろして油であげたり、汁物にだんごにして入れる利用法も。
白い芋の種類と赤紫色の芋ができる種類があります。赤紫色の芋は色粉を使わなくとも赤い饅頭ができます。生の場合、変色を防ぐためには酢を入れて調理するのも良いでしょう。酵素の働きで消化を助け、肉料理との相性は抜群です。

【特徴】
ムチンというネバネバ成分はタンパク質の吸収を良くし、疲労回復に役立つ。ムチンは熱に弱いので、生で食べるのがおすすめ。
滋養強壮に効果が期待できます。
＊沖縄県外への持ち出しは禁止されています

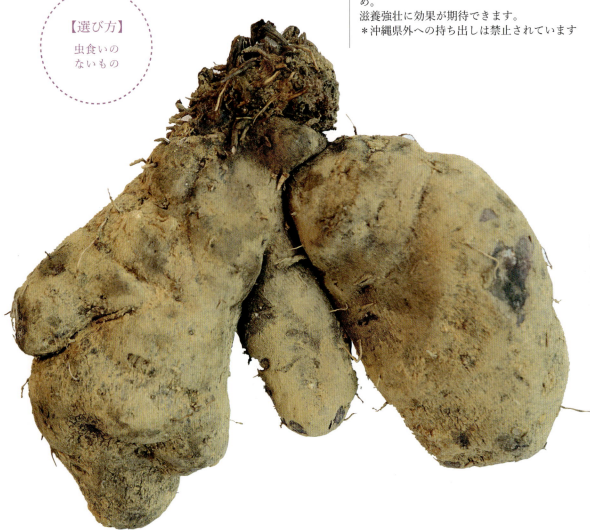

ダイジョの 塩昆布漬け

秋・冬
だいじょ
ヤマン

材料　4人分

ダイジョ	200g
塩昆布	10g
わさび	適量

作り方

1. ダイジョは長さ4センチの拍子木切りにし、塩昆布、わさびと和える。

ダイジョ（ヤマン）は亜熱帯以南が栽培に適しており、沖縄では古くから栽培されてきました。民間療法として蒸し焼きにして去痰に利用されてきました。一株で100kgにまで肥大するものもあり、沖縄本島中部地域では、その大きさを競う「ヤマイモスーブ（勝負）」が毎年開催されています。

いろいろな野菜

オクラ

英名では「ネリ」とか、女性のすらりとした指を連想させることから「レディースフィンガー」とも呼ばれるオクラはアフリカ原産で、古くは紀元前のエジプトですでに栽培されていました。コレステロールを減らすと期待される粘り気はペクチン、ムチン、アラピン、ガラクタンという成分のため。他にビタミンA、B2、C、ミネラル、カリウムも豊富で夏バテ防止、便秘の解消に期待できる夏野菜です。

ペクチンには動脈硬化を促進させる悪玉コレステロール（LDLコレステロール）の吸収を抑制させ、血中のコレステロールを減らす働きもあるので中性脂肪が気になる時には頼もしい野菜で、血液を理想の状態に導き、脂質異常症を予防することが期待できます。また、糖分の吸収を抑える作用もあり、糖尿病予防に期待できます。

ムチンには、タンパク質の消化吸収を補助する力があり、また、細胞の保水力を高め粘膜を保護する働きがあります。そのことから、胃炎や胃潰瘍の予防に期待できます。

アルコールの刺激から胃壁を守ってくれるので、お酒のおつまみにはぴったりの野菜です。できれば、生に近いような調理法がオススメ。茹で時間を短くしましょう。

ほうれんそう

ウチナーグチで「フーリンナー」と呼ばれるほうれんそうは、冷涼な気候を好む野菜。沖縄では秋から春に栽培される冬野菜です。ほうれんそうは夏と冬では栄養価が全く異なります。ビタミンCは冬の方が3倍以上になるといわれています。他に、ビタミンAや葉酸、鉄分、ルテインを多く含むことで知られていますが、シュウ酸を多く含むため、多量に摂取するとカルシウムの吸収を阻害したり、シュウ酸が体内でカルシウムと結合し腎臓や尿路に結石を作る恐れもあります。

最近では、牛乳などカルシウムを多く含む食品と同時に摂取することで、シュウ酸がシュウ酸カルシウムという難溶解性に変化して体内に吸収されにくくなるとされています。

シュウ酸は水溶性なのでゆでることで水に放出されます。ほうれんそうを利用するときはゆでた後に水にさらし、その後、キッチンペーパーなどの上で乾燥させれば色の退色も防げます。

玉ねぎ

　ユリ科の野菜玉ねぎは、中央アジアが原産といわれています。日本には明治時代になってから入りました。一般的な玉ねぎは収穫後干されてから出荷されていますが、頭の部分から傷み始めるので注意しましょう。保存方法として、風通しの良いところに吊るすと良いです。また、日に当てることでポリフェノールの一種であるケルセチンが3週間で3〜5倍に増えると言われています。

　ケルセチンは、抗酸化作用が強く、特に皮の部分に多く含まれています。血管内皮機能を高め、炎症、痛みを抑制するとも言われています。

　玉ねぎの辛味の主な成分は、硫化アリルで非常に揮発性のある成分です。調理すると涙が出てきますが、硫化アリルは肉や魚の臭みを取る役割もあります。また、血液をサラサラにし、高血圧予防や糖尿病の予防にも期待できます。その上、最近では睡眠の野菜としても人気があり、精神の鎮静効果を利用して、眠れない夜は枕元に刻んだ玉ネギを置くことで快眠できると言われています。

ジャガイモ

　ジャガイモは、日に当たり緑になっているところや芽の部分には天然毒素であるソラニンやチャコニンが多く含まれており、それらがあるジャガイモは厚く皮を剥くなどして取り除いてから使いましょう。また、家庭栽培などで作られた小さな未熟ジャガイモは全体的に毒素を含んでいるので注意が必要です。

　保管も日に当てないように涼しい暗い場所で保管しましょう。甘み、食感、そして煮くずれがしにくいかどうかなどで品種が異なります。男爵とメークインが二大品種で有名ですが、その他にもいろいろな種類があるので、料理によって使い分けましょう。

［男爵］ほくほくした食感が特徴で、ポテトサラダ、コロッケ、マッシュポテトなど加熱しつぶして使う調理に向いています。

［メークイン］長卵形で、しっとりとした食感で煮崩れしにくいのが特徴です。炒め物やカレー、シチューなどの煮物に向いています。

［キタアカリ］黄色の果肉が特徴です。ホクホクとしていて甘みがあり、煮崩れしやすいので加熱時間は短めがおすすめです。ポテトサラダ、味噌汁、ポタージュ、炒め物に向いています。

［新じゃがいも］春に出る品種。小粒で皮が薄く、皮のまま調理できるところが特徴です．

いろいろな野菜

モロヘイヤ

　疲労回復野菜として有名なモロヘイヤですが、花や実には毒性があり、食用には適していません。特に種には強心作用のあるストロファジンを含んでいますから注意が必要です。

　若葉を食べる野菜で、刻んだり加熱することでムチンによって粘り気がでます。

　カルシウム、カロテン、ビタミンB、C、カルシウム、食物繊維が豊富で、しかも抗酸化作用も強いことから野菜の王様とも呼ばれています。

モロヘイヤスムージーの作り方（2杯分）
①モロヘイヤ（葉）20gをきれいに洗って水気を切る。
②パイナップル（100g）とバナナ（1本）は皮をむき、ザク切りにする。
③ミキサーに①②と豆乳（150cc）、水（50cc）を入れなめらかになるまで撹拌して出来上がり。

ブロッコリー

　群を抜いたビタミン量で抗酸化作用のみならず、抗ウイルス効果も高い野菜です。ブロッコリーはキャベツと同じアブラナ科の野菜で、ちょっと変わったフォルムが人気の野菜です。

　普段食べている部分は花蕾という部分ですが、茎の部分もたいへん美味しいので捨てないで利用しましょう。ブロッコリーは、ビタミンA、B群、C、Eを多く含み、特にビタミンCはレモンの2〜3倍、アスパラガスの約10倍含まれています。また、カリウム、鉄、カルシウム、マグネシウム、亜鉛も含みアンチエイジングや動脈硬化の予防に期待できる野菜です。

　しかし、コリンという成分のために、個人差はあるものの体臭がきつくなるという報告もあるようです。

【野菜のカロリー】
　低カロリーで栄養たっぷりの野菜は生活習慣病予防と健康な生活維持に欠かせない食料です。
　例えば、100gあたりのカロリーを比較するとしたら、白米168Kcal、脂身豚肉ロース263Kcal、ショートケーキ344Kcal、トマト19Kcalとなります。野菜は摂取量を増やしても肥満の原因にはなりにくく、逆に糖質や脂質、タンパク質を代謝させて肥満を防ぐ役目もします。また、細胞を活性酸素の害から守り、免疫力を高めてくれるビタミンやミネラルも豊富に含まれています。

クレソン

　スーパーベジタブル堂々の一位に輝くのがクレソンです。添え物として見落とされがちな野菜ですが、栄養たっぷりのスーパーベジタブルです。

　クレソンは、免疫力増加や肥満防止に役立つフィトケミカルと呼ばれる機能性成分が豊富。美肌効果、動脈硬化、高脂血症、がん予防、老化防止などに期待できる野菜です。

キノコ類

　大昔より世界各地で愛されてきたキノコは個性豊かな形と香りで人々をとりこにしてきました。薬用として珍重されてきたキノコ。木に生えてくるから「木の子」という説もあります。植物でも動物でもなくカビと同様の菌類ですが、未だに解明されていないことも多いです。

〈注意点〉

1　洗わないで　風味が損なわれるので、水洗いせずに布巾などで拭きましょう
2　水から煮る　60〜70度の温度帯が旨み成分グアニル酸を引き出します
3　複数のキノコを合わせると旨みが増します
4　舞茸に注意　茶碗蒸しに舞茸を使うときは、あらかじめ火を通しましょう。舞茸の酵素の働きで茶碗蒸しが固まらなくなります。
5　舞茸を肉にまぶせば肉が柔らかくなります
6　保存袋に入れて冷凍すれば旨みが増します
7　生のキノコを天日乾燥させればビタミンDもアップするだけでなく、旨みもアップします
8　低カロリーで豊富なミネラルやビタミン類、食物繊維によって免疫力を高め、体内の有害物質を排出させる効果も期待できるといいます
9　乾燥しいたけを戻す場合は、冷蔵庫で一晩ゆっくり戻すと旨み成分が出ます。

【おまけコラム】

　日に350g以上の野菜を摂りましょう。そのうち120gは緑黄色野菜を摂るとなおベスト！350gとは両手に約1杯分！

　抗酸化作用やガン、生活習慣予防効果に期待できるカロテン豊富なニンジン、ホウレンソウ、コマツナ、カボチャ、ブロッコリー、トマト、ピーマンなどを積極的に摂ると良いでしょう

野菜の保存方法

野菜の保存方法―野菜は「育った状態に近い形で保存」

野菜は収穫されてからも「呼吸」しています。取り込んだ酸素を使い、自らの栄養素を分解することで生き続けていますので、長期に保存するより、新鮮な野菜を早めに食べる方が、よりおいしく栄養もとれる食べ方になります。

基本的な野菜の保存方法は、「育った状態に近い形で保存」がおすすめ

保存温度

野菜専用室の温度は7～10℃
冷蔵室内は1～5℃ほど

①原産地が熱帯、亜熱帯地方の野菜やくだものは10～14℃が適温。
完熟したトマト、ナス、キュウリ、オクラ、ピーマン、カボチャ、スイカなどは野菜室や冷蔵室で保存すると冷蔵障害を起こす場合もあります。気温が高い季節は、新聞紙で包んだ後ポリ袋に入れ、野菜室に保存するのがおすすめです。

②葉物野菜などは0℃近くが適正温度帯。
野菜室に入れず、冷蔵室で保存した方が長持ちする場合もあります。

③チルドルーム（0～1℃）
ブロッコリーは、0～1℃の温度帯に、立てて保存すると鮮度保持ができます。常温で1日置くとうまみは半分に、ビタミンCは3日で半分になります。食べきれない時は、軽くゆでて冷凍の方がおすすめです。

育ち方・成り方

①立ち型野菜
ほうれんそうや春菊、白菜、キャベツ、カリフラワー、ブロッコリー、アスパラガス、ネギやニラなど。これらの野菜は上下の感覚があるので、寝かして保存すると立ち上がろうとエネルギーを消耗し、美味しさの成分を消失してしまいます。冷蔵庫の野菜室に立てて保存しましょう。

②土付き型野菜
ダイコンやニンジン、島らっきょう、玉ねぎ、ゴボウ、サツマイモなどの根菜。土を洗い流してしまうと日持ちしません。

③ぶらり型野菜
トマト、キュウリ、ナス、エダマメなど。立てても寝かせても保存がききます。

【栄養価を高める方程式】
　野菜には、調理法で栄養価を逃さないだけでなく、さらに最適に摂取できる組み合わせがあります。
　油で調理することで野菜の栄養素の吸収が良くなったり、別の食材と組み合わせることで栄養価が変化する組み合わせもあります。
【症状に合わせた組み合わせ】
1、骨粗鬆症には　　　キノコ類（ビタミンD）＋小魚やコマツナ（カルシウム）
2、貧血予防には　　　ホウレンソウ（鉄分）＋緑黄色野菜（ビタミンC）
3、高血圧予防には　　ミツバやコマツナ（カリウム）＋リンゴ（食物繊維）
4、認知症予防には　　カボチャ（ビタミンEやカロテン）＋大豆（レシチン）
5、動脈硬化予防には　ゴボウ（食物繊維）＋タケノコ（カリウム）
6、ガンの予防には　　トマト（カロテン）＋キャベツ（ビタミンA,C,E）
7、加齢臭予防には　　シソやバジル（ビタミンC）＋アボカド（ビタミンE）

野菜の調理方法

ビタミンCについて

　野菜は調理法（ゆでる、煮る、蒸す、炒める、揚げる、漬ける）によっても、ビタミンCの損失割合が違います。たとえば、キャベツは炒める、漬ける、ゆでる、煮るの順に損失が少ないとされます。

《炒める》
炒めたほうがビタミンCの損失を押さえられるのが、ホウレンソウ、白菜、カボチャ、キャベツ、サヤインゲン、タマネギなど。

《揚げる》
ネギ、サツマイモ、ジャガイモは揚げるという調理法が一番ビタミンCの損失が少ない。
＊ただしジャガイモ、サツマイモなどのような炭水化物を高温（120度以上）で調理すると、発ガン性との関連が示唆されている「アクリルアミド」を発生させる可能性が高くなるため蒸す、ゆでる、煮る調理法がおすすめ。

《蒸す》
カリフラワーはゆでるより蒸した方がビタミンCの損失が少なく、ホウレンソウのβ-カロテンもゆでより蒸した方が効率よくとれます。ちなみジャガイモを40分蒸した場合、ビタミンB1、B2は98％、ビタミンCも74％残存したというデータもあります。

《ゆで方のポイント》
ビタミンCを残すゆで方は2分まで。3分以上になると5割以上損失してしまいます。いずれにしても、目的に応じて使い分けしましょう。

その他の栄養価

加熱処理したほうが栄養価が高まる野菜もあります！

　トマトに含まれるリコピンは加熱することで吸収しやすくなり、抗酸化作用が高まるといわれています。また、抗酸化作用の高いカロテンも熱に強く、油と調理することで吸収率がアップするという特徴があります。

　野菜の皮には抗酸化作用や抗菌作用物質を持った機能があるといわれています。野菜の皮は、強い紫外線や土の中でも酸化しないよう、野菜自身の身を守るために作り出したものです。トマトやナス、キュウリ、サツマイモ、タマネギの皮には抗酸化作用があり、ジャガイモの皮にはビタミンCが多く含まれています。ゴーヤーの皮には胃液の分泌を促し、肝臓の機能を高め、血糖値を下げる効果があります。

逆作用する組み合わせ

1、ホウレンソウやコマツナ＋大豆は、ホウレンソウの豊富なカルシウムの効果を大豆に含まれるフィチン酸が妨げると言われています。豆腐で白和えを作るなら、カルシウムのない枝豆やそら豆と和えるといいでしょう。また、ホウレンソウとゆで卵の組み合わせは、ゆで卵に含まれる硫黄がホウレンソウの鉄分の吸収を妨げますので、卵焼きか目玉焼きにするのがおすすめです。

2、トマト＋キュウリは、キュウリに含まれるアスコルビナーゼがトマトのビタミンCを破壊してしまうため、トマトとキュウリを合わせたい時には、キュウリに酢をかけましょう。

3、大根おろし＋シラスは一般的ですが、シラスに含まれるリジンというアミノ酸の吸収を大根の抗体（リジンインビター）が阻害してしまいますので、酢を加えるか、加熱した大根と組み合わせると、リジンの損失が少なくてすみます

栄養素の話 1

野菜の栄養素は体内でつくれません

　栄養素の中でも三大栄養素と呼ばれる「炭水化物」「脂質」「タンパク質」は体を作り生命維持のエネルギーを供給する栄養素で、体内に蓄積することができ、分解、合成を繰り返して様々なエネルギーとして体内で使い回すようになっています。
　五大栄養素とは、三大栄養素に「ビタミン」「ミネラル」が加わり、そのほとんどが人体で生成できません。その栄養素を含む野菜や果物を摂る事でしか体内に入れる事ができないのです。例えば、食生活において野菜が不足すると体調が崩れたり、壊血病などの病気を発症したりします。

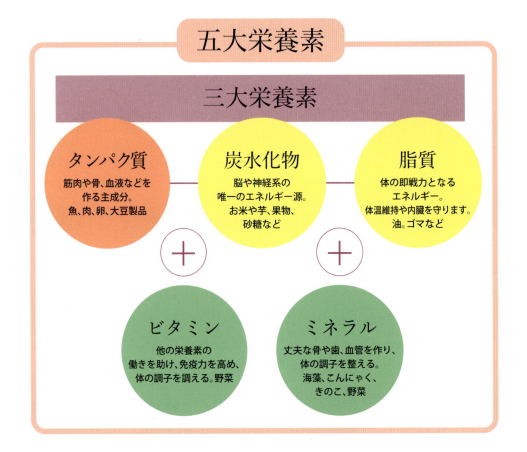

炭水化物

脳や神経系の唯一のエネルギー源。お米や芋など、果物、砂糖などに豊富に含まれる栄養素です。不足すると、疲労、脳の働き低下、免疫力の低下を招くと言われています。
　糖質と繊維物に分けられますが、主にエネルギー供給の役割を持つのは糖質で、1gあたり4Kcalのエネルギーを供給します。日本人が必要とする総エネルギーのうち50～70％を炭水化物によって閉める事が望ましいとされています。砂糖や果物に含まれる果糖のように糖の鎖が短いものは消化が速いため、吸収も早い。でんぷんのように糖の鎖が長いものは消化に時間がかかるため吸収がゆっくりと行われます。

栄養素の話 2

タンパク質

筋肉や骨、血液などを作る主成分。合成と分解を繰り返して新しく作り替えられる。肉、魚、大豆、乳製品に多く含まれています。1gあたり4Kcalのエネルギーを供給しますが、本来は筋肉や骨格、臓器の体の構成成分やホルモン、酵素など代謝に関わる物質などの材料になる役割が中心です。20種類のアミノ酸が鎖のようにつながり、その組み合わせで様々なタンパク質の種類ができます。

＊必須アミノ酸
　食事から摂取しなくてはならない9種類のアミノ酸

＊その他のアミノ酸
　必須アミノ酸を元に体内で合成することも可能です。動物性タンパク質は必須アミノ酸をバランス良く含んでいますが、大豆以外の植物性タンパク質は一部のアミノ酸が不足していることがあるため、これを補うためにも組み合わせを工夫しバランスをとることが重要です。

脂質

体の即戦力となるエネルギー。余った分は体脂肪となり、体温維持や内臓を守ります。動物性脂肪の取りすぎは肥満の原因になります。
　1gあたり9Kcalのエネルギーを供給する効率の良い油は糖の2倍のエネルギーを放出することができるので、効率の良い燃料になります。また、体温の発散を防ぎ常に一定に保温してくれる役割や太陽光を浴びた時にビタミンDを体内で合成したり、脂溶性ビタミンA、D、E、Kなどの吸収を促したりします。油（脂質）にはどの様な種類があるのでしょうか。

●飽和脂肪酸
　牛肉や豚肉、乳製品など動物性脂肪に多く含まれています
●不飽和脂肪酸
　紅花やコーン、オリーブ、亜麻仁など植物性脂肪に多く含まれています。不飽和脂肪酸は化学構造の違いから「オメガ3」「オメガ6」「オメガ9」に分類されます。
　飽和脂肪酸は体内で合成できるため食事から摂る必要はありません。むしろ動物性脂肪の摂りすぎにより弊害の方が指摘されています。その一方、オメガ3、オメガ6は体内で合成することができないので食事を通して補わなければなりません（必須脂肪酸）。
　この2つの必須脂肪酸は体内で全く正反対の働きをする特徴を持っています。ここで重要なのがオメガ3とオメガ6の良いバランスの取り方です。最近の日本人の食生活は、オメガ6を多く含む欧米型になりつつあります。理想的な油の摂り方は、「オメガ3：オメガ6」の摂取比率は「1：4」が黄金比率と言われています。そのため、必須脂肪酸が不足したり理想的な摂取バランスを崩してしまうと、体の機能は大きく狂ってしまいます。
　しかし、オメガ3の摂取に関して注意したいのが、熱に弱く加熱すると「過酸化脂質」になり、逆に弊害を起こしてしまいますから炒め物などの加熱調理には向きません。炒め物など加熱調理には融点が高く酸化しにくいオメガ9系のオイル（オリーブオイル）などをオススメします。オメガ6の大切な働きも重要であり、オメガ3と協力し、様々な生活活性物質を生むなどなくてはならない「必須脂肪酸」です。健康な体の維持にはバランスよく摂るように心がけましょう。

	オメガ3必須脂肪酸	オメガ6必須脂肪酸
代表的な油	亜麻仁油、えごま油、チアシードオイル、青背の魚の油etc	べにばな油、コーン油、ごま油、サラダ油、マヨネーズetc
主な作用	アレルギー抑制、炎症抑制、血栓抑制、血管拡張	アレルギー促進、炎症促進、血栓促進、血液を固める

栄養素の話3 －ビタミン

ビタミン

「ビタミン」の大きな役割は、三大栄養素の代謝、吸収を高め、活性酸素の害から細胞を守り、免疫力を高めてくれることです。「ビタミン」には、油脂やアルコールに溶ける4つの脂溶性ビタミンと、水に溶ける9つの水溶性ビタミンがあります。しかし、水溶性ビタミンのビタミンB群やビタミンCは2～3時間しか体内に留まらないので毎日摂取する必要が有ります。一方、脂溶性ビタミンは体内に長く留まるので過剰な摂取は変調をきたす事があり、注意が必要です。

〈4つの脂溶性ビタミン〉

1、ビタミンA
　視力回復や皮膚、粘膜保護に効果。強い抗酸化力でガン予防に期待。動物性食品に含まれるレチノールと、野菜では体内でビタミンAに変わる抗酸化作用の強いカロテン類がある。シソ、モロヘイヤ、人参、パセリ、唐辛子、ホウレンソウに多い。

2、ビタミンE
　抗酸化作用の強い味方。老化、生活習慣予防に。細胞膜の酸化を抑制して細胞の老化を防ぎ、動脈硬化予防や血行促進硬化に期待できる。油やナッツ類、野菜ではモロヘイヤ、かぼちゃ、赤ピーマン、ホウレンソウ、大根の葉に多く含まれる。

3、ビタミンK
　出血を止め、骨を強化。骨粗鬆症予防に期待できる。血液凝固成分を合成して出血を止め、カルシウムを骨に沈着させる作用がある。納豆、海藻類、抹茶、野菜ではパセリ、シソ、バジル、ホウレンソウなどに多く含まれる。

4、ビタミンD
　骨の材料となるカルシウムの吸収を高め、骨を強くする。魚介類やキノコ類に多い。

〈9つの水溶性ビタミン〉

1、ビタミンC
　免疫力を高め、血管や皮膚を守る。風邪や感染症、老化の防止に。不足すると風邪をひきやすくなり、壊血病の原因にもなる。2～3時間で体外に排出されるため、毎食摂取が好ましい。赤黄色ピーマン、芽キャベツ、ブロッコリー、パセリ、ジャガイモなどに多く含まれる。

2、ビタミンB1
　糖質の分解に必須のビタミン！疲労回復、集中力向上に効果的。糖質を分解してエネルギーを生み、疲労回復の蓄積を防ぎ、精神を安定させる効果が期待できる。不足すると、消化障害、脚気になることもある。豚肉、うなぎ、グリーンピース、枝豆、ソラマメに多く含まれる。

3、ビタミンB6
　タンパク質の分解に必須！皮膚病やアレルギーを抑える効果があると言われている。生魚に多く含まれる。

4、ナイアシン
　三大栄養素の代謝やアルコールを分解する役割を果たす。肉や魚介類、ナッツ類に多く含まれる。

5、葉酸
　ビタミンB12と協力し合い血液を作る。貧血予防に！不足すると貧血、口内炎、潰瘍の原因にもなる。加齢とともに赤血球のヘモグロビン数が減少するため毎日摂取したい。枝豆、芽キャベツ、サニーレタス、アスパラガスなどに多い。

6、ビタミンB12
葉酸と一緒に摂ることで血液を作る。レバー、しじみ、アサリ、牡蠣、さんま、のりに多く含まれる

7、ビオチン
　三大栄養素の代謝補助酵素となり、疲労回復や髪の毛の健康維持に重要。レバーに多く含まれる。

8、パントテン酸
　栄養素の代謝やストレスに強い体をつくる。幅広い食品に含まれることから不足することは少ない。

9、ビタミンB2
　脂質の代謝に働き、老化の原因となる脂質の酸化や肥満を防ぐ。レバーやうなぎに多く含まれる。

栄養素の話4 －ミネラル

ミネラル

「ミネラル」とは、酸素、水素、炭素、窒素以外の元素の事で、地球上には約100種類が存在しています。そのうち、厚生労働省で摂取基準を決めているのは13種類。うち5種類は、1日の必要量が100g以上の主要ミネラルです。

ナトリウム、カルシウム、リン、カリウム、マグネシウムをいいます。いずれも丈夫な骨や歯、血管を作り、血圧のコントロールに重要な役目を果たしています。

カリウム
高血圧予防に必要不可欠。食塩（ナトリウム）の摂取量が多い場合、排出を促し血圧を正常に保とうとする。タケノコ、カリフラワー、ブロッコリー、ホウレンソウ、サトイモなどに多く含まれ、1日の摂取量を摂取しやすい野菜が多い。

カルシウム
骨粗鬆症とイライラ予防に！ 骨や歯に必要不可欠な栄養素。魚や海藻類を食べるより、1日の食事で多く摂取できるのは乳製品や野菜です。モロヘイヤ、小松菜、パセリ、ナバナ、大根などに多く含まれています。

鉄
血液の材料となる！不足すると貧血になる！
吸収率が低いため、意識して摂取しましょう。レバー類、貝類、パセリ、大根の葉、小松菜、そら豆に多く、ビタミンCと一緒に摂取すると吸収が高まります。

機能性成分

生命の維持に必ずしも必要でないが老化防止やガンの予防、免疫力の向上などに効果のある成分を言います。
機能性成分＝食物繊維＋フィトケミカル

食物繊維
腸内環境を整え、大腸ガンの予防に！ 腸内の毒素を排出する水溶性（島らっきょうや海藻類）と、腸内に留まりガンを防ぐ不溶性（島ごぼう、穀類、大豆）などがあります。

代表的なフィトケミカル

■ポリフェノール
活性酸素から細胞を守り、ガン予防に期待 野菜や果物の皮の部分に多く含まれています。ナスの皮に含まれる「ナスニン」、セロリやパセリの「アピイン」、ごぼうの「タンニン」など約400種類あります。

■イオウ化合物
活性酸素を除去し、発がん物質を抑制すると期待されています。にんにくやネギに含まれる特有のにおいの成分で、細かく切ったり、すりつぶすことで発生します。ブロッコリーやスプラウトにも豊富に含まれています。

■カロテノイド
強い抗酸化作用の天然色素 緑黄色野菜に含まれる天然色素です。ニンジンの「ベーターカロテン」、トマトの「リコピン」、トウガラシやピーマンの「カプサイシン」などがあります。

■レシチン
認知症予防に期待される脳の栄養素 脳の神経伝達物質の元になり、記憶、集中力を高めます。善玉コレステロールを増やし動脈硬化予防も期待できます。枝豆、大豆に多く含まれています。

■ムチン
生活習慣病予防に効くネバネバ成分 オクラ、ヤマイモ、タイモ、レンコンに多く含まれ、胃の粘膜を保護し、血中コレステロールを減少させて糖尿病などの生活習慣病を防ぎます。

■アミノ酸類
20種類あり、健脳や疲労回復に効果が期待！
にんにく、枝豆には神経伝達物質をつくる「トリプトファン」が含まれています。トマトやブロッコリーには「グルタミン酸」が豊富に含まれ健脳効果が期待できます。

ドクターからのアドバイス
脳の老化を防ぐ

老化の原因の一つは活性酸素

　人が老化するもっとも大きな原因の一つとして、酸化による細胞のダメージがあります。酸化とは物質と酸素が結合することですが、人間の身体も脳も、大気中で生きているかぎり酸化は避けられません。そこでいかに酸化しないようにするかがアンチエイジングのポイントです。

　あらゆる臓器の中で一番酸化しやすいのは脳です。脳はすべての臓器の中で、もっともエネルギーを使いますが、そのエネルギーを作り出すために、もっとも沢山の酸素を消費する脳では、酸化により生じる活性酸素が発生することになるのです。それでは、脳がサビないように活性酸素の働きを阻止する力（抗酸化力）を高めるためには、どうしたらいいのでしょうか。それには食べ物を変えることも有効です。食物に含まれる抗酸化力に優れた成分についてまとめます。

ビタミンC		赤ピーマン・アセロラ・芽キャベツ・いちご・キウイフルーツ・柑橘類・ブロッコリー・カリフラワー・シークヮーサー・グヮバ
ビタミンE		うなぎ・アーモンド・すじこ・イクラ・たらこ・アボカド
マンガン		青ノリ・キクラゲ・ショウガ・シソ・シジミ・油揚げ・がんもどき
亜鉛		牡蠣・豚レバー・牛赤身肉・コンビーフ缶・ごま・カシューナッツ
ヘム鉄		レバー・赤身の肉や魚・貝類
エルゴチオネイン		ひらたけ・しいたけ
鉄		ハンダマ・豚レバー・ほうれん草
カロテノイド	カロテン	●緑黄色野菜（トマト・ホウレン草・ブロッコリー・ニンジン・ピーマン・チシャナバー・カンダバー・カラシナ） ●果物（カシス・ブルーベリー・イチゴ・ブドウ・マンゴー・フルーツパパイヤ）
カロテノイド	キサントフィル	卵黄・魚卵・食用ほおずき・どうがらし〔黄〕
アスタキサンチン		紅鮭・イクラ・金目鯛・カニ・エビ・グルクン・アカマチ

　ビタミン群の中ではビタミンCとE、さらに微量元素、ミネラルであるマンガン、亜鉛、ヘム鉄にも抗酸化作用が認められます。少し変わったところでは、ササクレヒトヨタケ・シイタケ・ヒラタケなどに含まれるエルゴチオネインは、アミノ酸の一種でビタミンEの7000倍の抗酸化作用があるとされています。また、水溶性で熱や酸に強いので調理しても効果が期待できます。

　アミノ酸の一種であるグルタチオンは食事からタンパク質摂取ができていれば体内で合成できるので、特に補給する必要はありません。しかし、高齢者は動物性タンパクをとらない傾向があるため、グルタチオンの量が低下しやすくなります。肉食の老人は長寿の方が多い印象があります。

カロテノイド（カロチノイド）は、自然界に存在する赤や黄の天然の色素で600種類以上あるといわれ、カロテンとキサントフィルの２種類に分類されます。カロテンは緑黄色野菜や果物などに多く含まれ、動物に吸収されるとビタミンＡになります。
　アスタキサンチンもカロテノイドの一種で「海のカロテノイド」とも呼ばれる赤色の天然色素で、活性酸素を抑制する強力な抗酸化力を持っています。

脳とその他の身体の違いは？

　脳には自身を守るために、脳内の血管には必要のない物質や害のある物質の通過を制限する血液脳関門というバリアがあります。アスタキサンチンなどのカロテンは血液脳関門を通過できる数少ない抗酸化物質であり、直接脳内に入り込み、脳内の活性酸素を抑え、脳細胞へのダメージを防ぎます。脳内で抗酸化作用を発揮する食材という視点で考えてみると次の植物・野菜には脳の抗酸化効果が期待できる成分が多く含まれているのです。
・ルテイン　→ほうれん草・ブロッコリー・キャベツ・卵黄・豆類・カンダバー・アオサ
・ゼアキサンチン　→パプリカ・とうもろこしの種子・ほうれん草・卵黄など
・アスタキサンチン　→オキアミ・エビ・カニ・鮭・イクラなど
・アントシアニン　→ムラサキキャベツ、ナス、黒米、黒豆、黒ゴマ、ハダマ、紅芋、ヤマン、小豆、赤たまねぎ、紅蓼、赤シソなど
　抗酸化作用が高い食べ物が分かったところで、次に、それらを食べるときに、どのような栄養のバランスが老化防止に繋がるのかを、考えてみましょう。

食事の食べ方を変えれば脳のアンチエイジング！

　脳の抗酸化力を高めて老化防止する食事のポイントは次の４つです。
１、糖質を取りすぎないこと
２、良質の脂肪を取ること
３、たんぱく質を多めにとること
４、ビタミン・ミネラルをたっぷりとること
　糖質を制限したほうがいい理由は、糖化による大量の活性酸素の発生を避けるため、血糖値をできるだけ安定させるためです（糖化とは、血液中のブドウ糖が、タンパク質や脂質などと結合する現象をいいます）。糖化の怖さは、大量の活性酸素を作り出すことです。また血糖値の乱高下を起こさないで、できるだけ血糖値を一定に維持して安定させることも大事です。
　糖質の問題点の一つである血糖値の乱高下を避けるためには、糖質の中でも精製されたもの（白米・食パン・うどんなど）は避けて、吸収がゆるやかな玄米・そばなどのＧＩ値（その食品の血糖値の上がりやすさ）の低い食品を選ぶこと、また野菜・海藻・肉・魚などから食べて最後に糖質をとると良いとされています。

植物の脳に対するその他の効果

　植物には、多くの抗酸化物質が多く含まれる以外にも、フィトケミカルの一種であるフィトステロール、植物ステロールが豊富です。コレステロールが摂取量の40％以上が小腸から吸収されるのに対し、フィトステロール、植物ステロールは吸収率が5％以下であり、さらに動物性コレステロール吸収を阻害します。これにより血中のLDLコレステロール濃度が低下します。また、がんの予防に効果がある可能性もあるとされています。先程触れた糖質の制限による糖化予防や島野菜の持つ優れた抗酸化作用で吸収されてしまった残りのLDLコレステロールが、超悪玉コレステロールへと変化するのを防ぐことができます。
　この作用により特別な機能を持つ脳血管の動脈硬化を防ぎ、間接的な脳神経細胞への障害を予防することになるのです。

監修　東部クリニック理事長兼院長　　比嘉靖
医学博士、日本脳神経外科学会専門医、日本抗加齢学会専門医

島やさいの主な農産物販売所

島やさいは沖縄県内のスーパーマーケットなどの小売店でも販売されていますが、県内の主な直売所と県外の沖縄県アンテナショップを紹介します。

【県内】

道の駅ゆいゆい国頭ふるさと市	国頭郡国頭村字奥間1605番地	0980-41-5555
道の駅おおぎみ農産物直売所	大宜味村根路銘1373	0980-44-3635
今帰仁の駅そ〜れ	今帰仁村字玉城157	0980-56-4940
ファーマーズマーケット「はい菜！やんばる市場」	名護市宮里4-6-37	0980-50-9885
道の駅許田やんばる物産センター	名護市字許田17番地の1	0980-54-0880
未来ぎのざ　特産品加工直売センター	宜野座村字漢那1633番地	098-968-4520
おんなの駅なかゆくい市場	恩納村字仲泊1656-9	098-964-1188
ユンタンザ18番市　農産物直売所	読谷村座喜味2723番地の1	098-982-9306
中部ファーマーズマーケット「ちゃんぷる〜市場」	沖縄市登川2697-2	098-894-2215
沖縄市漁協パヤオ直売店	沖縄市泡瀬1-11-34	098-938-5811
海の駅あやはし館	うるま市与那城屋平4	098-978-8830
読谷ファーマーズマーケット「ゆんた市場」	読谷村喜名2346-11	098-958-1124
宜野湾ファーマーズマーケット「はごろも市場」	宜野湾市大山7-1350-81	098-943-1826
ファーマーズマーケット与那原「あがりはま市場」	与那原町東浜89-104	098-944-7741
軽便駅かりゆし市	南城市大里字高平875-1	098-882-0078
アグリハウスこちんだ	八重瀬町字宜次578-1	098-998-6708
たまぐすく花野果村	南城市玉城字奥武19の9　いまいゆ市場内	098-948-4187
ファーマーズマーケットいとまん「うまんちゅ市場」	糸満市西崎町4-20	098-992-6510
JAおきなわ食菜館「とよさき菜々色畑」	豊見城市豊崎3-86	098-850-8760
高原の駅なんじょう	南城市玉城垣花491-2	098-948-3001
ファーマーズマーケット南風原「くがに市場」	南風原町字津嘉山889-1	098-889-3377
ファーマーズマーケットみやこ「あたらす市場」	宮古島市平良西里1442-1	0980-72-2972
ファーマーズマーケットやえやま「ゆらていく市場」	石垣市新栄町1-2	0980-88-5300

【県外】

※下記沖縄県アンテナショップにお問合せ下さい。

沖縄県物産公社　北海道　札幌わしたショップ	札幌市中央区大通西2-1　オーロラタウン内	011-208-1667
沖縄県物産公社　宮城県　仙台わしたショップ	仙台市青葉区一番町4-5-7　シエロ一番町4丁目ビル1階	022-395-5590
沖縄県物産公社　東京都　銀座わしたショップ	中央区銀座1-3-9　マルイト銀座ビル1F・B1F	03-3535-6991
沖縄県物産公社　埼玉県　わしたショップイオンレイクタウンkaze	越谷市レイクタウン4-2-2　イオンレイクタウンkaze1階	048-990-8137
沖縄県物産公社　愛知県　名古屋わしたショップ	名古屋市中区栄4-1-1　中日ビル地下1階	052-262-4789

あとがき

　沖縄に嫁いだ頃、見慣れない野菜や食文化に驚かされたものです。若かった私は、未体験の野菜に興味はあるものの、
苦そう、硬そう、まずそう……。先入観が先に立ち、買って食べたいと言う気持ちにはなれませんでした。そんな私が胃がんを患い、治りたい一心で、何を食べたら元気になれるのかを探求していくうちに、初めて島野菜のパワーを知りました。

　沖縄の健康長寿を支えてきた島野菜たち。これらの持つ抗酸化力、ファイトケミカルは、私たちの健康に大いに役に立ってくれるものと確信しています。

　「こんな野菜、見たこともない」と言う方が増えている中、それを現代の食スタイルに寄り沿う形で、少しでもいいから口にしてもらえるレシピはできないのか。個性的な野菜をおいしく調理できる方法はないか……。深夜まで試作を続ける日が続きました。しかし、皆さんの健康の役に立ちたいと言う一心で、やっと出版の日を迎えることができました。紹介しきれなかったレシピの方が多くなりましたが、これはまた次の機会に紹介できたら嬉しいです。

　今回、撮影場所に沖縄ガス本社ショールーム「ウィズガスハウス」を使用させていただきました。快適な環境で調理・撮影ができましたことに心より感謝申し上げます。

　また、東部クリニックの比嘉靖医師に「ドクターからのアドバイス　脳の老化を防ぐ」を監修していただき、アンチエイジングの医学的な視点からの興味深い話題を教えていただきました。本当にありがとうございました。

　島やさいは先人たちから受け継いだ「財産」であり、私たちの「宝物」です。次世代へつなぐためにも、この島で生まれた野菜をもう一度見直し、健康に役立てていただけたら幸いです。

2016年3月　徳元佳代子

〈参考資料〉
- 『一般社団法人日本野菜ソムリエ協会　野菜ソムリエ養成講座野菜ソムリエコース　テキスト』
- 平成26年3月「沖縄県野菜栽培要領」沖縄県農林水産部
- 平成26年3月「沖縄農林水産業の情勢報告」内閣府　沖縄総合事務局　農林水産部
- 琉球新報社『沖縄で楽しむ家庭菜園』喜久山守良著
- 小学館『野菜がクスリになる50の食べ方』池田弘志　編
- 成美堂出版『栄養の基本がわかる図解辞典』中村丁次監修
- ＮＨＫ出版『「がん」にならないための5つの習慣』津金昌一郎著
- 三笠書房『40歳からは食べ方を変えなさい』済陽高穂著
- 長岡書店『からだに安全な食品の食べ方＆選び方』増尾清監修
- 国立健康・栄養研究所『健康食品の安全性・有効性情報』
- 草土出版『花図鑑　野菜＋果物』小崎格監修・芦澤正和・内田正宏著　　OK
- 大修館書店『新ビジュアル食品成分表』
- プロジェクトシュリ『沖縄ぬちぐすい事典』尚弘子監修
- おきなわ伝統的農産物データベース http://www.okireci.net/dentou/
- 健康食品の素材情報データベース https://hfnet.nih.go.jp/contents/indiv.html
- 琉球大学教育学部紀要「沖縄県で入手可能な野菜の抗酸化力：エタノール抽出について」
  上江洲榮子・山口春奈・石川香織・玉城優子・崎浜美智子・内間ゆかり・山川房江
- 津志田藤二郎「青果物が人の健康に対して与える影響を疫学的に見る、フレッシュフードシステム、voL32」
- 九州沖縄農業研究センター流通加工研究室「ニガナの抗酸化物質とその特性」
- ニガウリ（MCE）の血糖降下作用および抗高脂血症に対する活性
An experimental evaluation of the antidiabetic and antilipidemic properties of a standardized Momordica charantia fruit extract.
URL　http://www.ncbi.nlm.nih.gov/pubmed/17892543

徳元佳代子（とくもと　かよこ）

沖縄・九州エリア初のシニア野菜ソムリエ（2011年認定）。第2回野菜ソムリエアワード金賞受賞（2013年）。日本野菜ソムリエ協会認定地域校・糸満教室主宰。沖縄県糸満市にてブロッコリー、キャベツなどアブラナ科野菜の生産の傍ら、ベジフルマンマを設立し、収穫体験、食育、野菜果物の紹介や解説、食べ方の提案、予防医学に基づくレシピ開発などに取り組む。沖縄食材スペシャリスト、がんの統合医療アドバイザー、アンチエイジングセルフケアアドバイザー、青果物ブランディングやアスリートメンタルフードに関連する数々の資格を取得。

比嘉淳子（ひが　じゅんこ）

那覇市生まれ。首里系那覇人の祖母から沖縄しきたりを叩き込まれて半世紀、沖縄文化のよさを知ってもらうために、沖縄のしきたりや子ども向け番組の企画、監修、執筆など多数。主な著書に『琉球ガーデンBOOK』『幸せを呼ぶおきなわ開運術』『よくわかる御願ハンドブック』（ともにボーダーインク刊）、『沖縄暮らしのしきたり読本』、『沖縄オバァ列伝〜オバァの人生指南』、『グソーからの伝言』（いずれも双葉社）などがある。ジュニア野菜ソムリエ。

撮影協力　沖縄ガス
　　　　　ベジフルマンマ
写真撮影　由利玲子（chikuwa camera）
　　　　　徳元佳代子
デザイン　（株）YESDESIGN
料理作成助手　糸数利香（ベジフルマンマ）
協力　比嘉靖（東部クリニック院長）
　　　大友美幸（Mother's kitchen）

＊本書に掲載のレシピはベジフルマンマオリジナルレシピです。
　本レシピの営利目的の無断使用を禁じます。

からだにやさしい おきなわ島やさい

2016年6月10日初版発行
発行者　宮城正勝
発行所　ボーダーインク
　　　　〒902-0076
　　　　沖縄県那覇市与儀226-3
　　　　電話 098(835)2777
　　　　FAX 098(835)2840
　　　　http://www.borderink.com
印刷　株式会社東洋企画印刷

© kayoko Tokumoto,junko Higa 2016.
ISBN978-4-89982-299-8